월 드 클 래 식   라 이 팅 북

필사의 힘

칼릴 지브란처럼 【예언자 따라쓰기】

20___년 ___월 _____필사하다

월드클래식 라이팅북

필사의 힘

칼릴 지브란처럼 【예언자 따라쓰기】

미르북
컴퍼니

"오늘도 일곱 자루의 연필을 해치웠다.
필사 하십시다, 지금 당장!"

어니스트 헤밍웨이

필사는 "손가락 끝으로
고추장을 찍어 먹어 보는 맛!"

시인 안도현

첫 장을 펼치며 . . .

칼릴 지브란의 《예언자》를 따라쓰며
삶의 본질적인 문제를 헤아리는
지혜로운 사람으로 거듭나기를

우리는 힘껏 각자의 삶을 살아가고 있지만 아름다움과 진실에 굶주려 있습니다.
개인의 지나친 욕심과 물질 만능 주의 그리고 세상의 수많은 거짓은
결국 우리 모두를 지치게 만들었습니다.
우리에게는 '치유'와 '휴식'이 무척 절실합니다.

《예언자》는 물질에 대한 욕심과 세속의 거짓으로 피폐해진
우리의 마음을 달랠 수 있는 20세기의 위대한 문학 작품입니다.
이 작품은 동양과 서양의 구분 없이 보편성을 띠며 특정 종교에 대한
믿음을 함부로 강요하지 않는, 적절한 균형을 잃지 않는 아름다운 작품
입니다.

《예언자》에 대한 지식은 이 정도면 충분합니다.
따라쓰면 자연스레 읽게 되니까요.
그럼 이제 연필이나 펜을 살며시 손에 쥐어 볼까요.
누구나 칼릴 지브란이 될 수 있습니다.

다 쓰고 나면 우리의 삶은 아름답고 축복받은 삶이라는 걸 비로소 깨닫게 될 것입니다.
우리에게 주어진 모든 나날이 단 하루도 예외 없이 가치 있고 소중하다고 생각할 거예요.
《예언자》 따라쓰기를 통해 차분하게 마음을 달래 볼까요.

이렇게 따라써 보세요

눈으로 읽고 손으로 한 글자 한 글자 또박또박 써 내려갑니다. 문장을 천천히 음미하면서 읽어 보세요. 그리고 자신이 지브란이 되었다고 생각하고 천천히 따라서 써 보세요. 예언자를 따라쓰기 하며 자신의 내면과 만나는 순간 내가 어떤 삶을 살고 있는지, 그 오랜 고민에 대한 답을 조금이나마 얻게 될지도 모릅니다. 필사의 힘을 온몸으로 느끼실 수 있습니다. 따라쓰시다가 무척 마음에 드는 문구가 나오면 밑줄을 그어도 좋습니다. 지금 바로 한 페이지를 채워 볼까요?

제 아이는 세 살이 되던 해에 하나님 곁으로 가고 말았답니다. 그리고 더는 저희 부부에게 아이를 주지 않으셨어요.

이제 살림살이도 차츰 나아져 지금은 여기서 남편과 함께 방앗간 일을 하고 있어요. 벌이가 좋아져서 형편도 나아졌지만 저희가 낳은 자식은 없답니다. 만약 이 아이들이 없었다면 얼마나 외로웠을까요? 그러니 저는 이 아이들을 사랑하지 않을 수가 없어요. 제겐 이 아이들이 꼭 필요하답니다."

부인은 다리가 불편한 아이를 가슴에 꼭 끌어안으며 흐르는 눈물을 닦았다.

마트료나가 한숨을 내쉬며 말했다.

"부모 없이도 자랄 수 있지만 하나님 없이는 살 수가 없다고 하더니, 정말 그 말이 맞나 보군요."

한참 이야기를 나누고 있는데, 갑자기 미하일이 앉아 있던 구석에서 번갯불처럼 번쩍이는 빛이 구둣방 안을 메웠다. 모두가 그쪽을 바라보니, 미하일이 밝은 미소를 지으며 두 손을 무릎에 얹은 채 위쪽을 응시하고 있었다.

그가 말을 마치자마자 천사의 형상이 드러나면서 미하일의 몸이 온통 빛으로 둘러싸였다. 시몬과 마트료나는 그의 모습에서 눈이 부셔서 제대로 쳐다볼 수조차 없었다. 미하일이 큰 소리로 이야기하자 그의 입에서 나오는 소리는 마치 하늘에서 울려 퍼지는 목소리 같았다.

천사 미하일은 다시 말을 이었다.

"저는 모든 사람이 자신에 대한 걱정으로만 살아가는 것이 아니라 사랑으로 살아간다는 사실을 깨달았습니다. 그 여인에게는 아이들에게 무엇이 필요한지 아는 능력이 없었고, 그 부유한 신사 자신에게 필요한 것이 일 년 동안 신어도 닳지 않는 장화인지, 그날 저녁에 신을 슬리퍼인지를 아는 사람은 세상에 없습니다.

제가 사람의 몸으로 살아갈 수 있었던 까닭은 제가 앞날을 고민했기 때문이 아니라, 지나가던 남자와 그 아내의 마음에 사랑이 있어 저를 불쌍히 여겼기 때문입니다. 두 고아가 살아갈 수 있었던 까닭은 모두가 걱정했기 때문이 아니라, 어느 한 여인의 마음에 사랑이 있어 그 아이들을 가엾게 여겼기 때문입니다.

Q 따라쓰기를 하면 글쓰기 능력이 향상되나요?

A 네, 그렇습니다. 전반적으로 글쓰기 능력이 향상됩니다. 따라쓰기를 미술에 비유하자면 마치 화가 지망생이 명화를 따라 그리는 것과 같다고 생각하시면 됩니다. 뛰어난 문학 작품을 처음부터 끝까지 따라쓰게 되면 글쓴이가 사용한 어휘, 문장 부호, 문체 그리고 이것들이 모여 이루어진 문장을 자연스레 익히게 됩니다. 그러므로 글쓰기에 대한 자신감은 물론이고 전체적인 내용을 구성하는 능력까지 키울 수 있게 됩니다.

Q 소설 전체를 따라쓰는 것과 일부를 따라쓰는 것 중 어떤 것이 더 효과적인가요?

A 이번에도 미술에 비유해 보겠습니다. 요하네스 베르메르의 〈진주 귀걸이를 한 소녀〉를 좋아하는 화가 지망생이 그림 전체가 아닌 그림 일부분만을 따라 그렸다고 상상해 보십시오. 이 그림이 수백 년 동안 사랑받고 있는 이유는 소녀의 눈망울이 몹시 매혹적이기 때문입니다. 하지만 그림 전체가 아니라 소녀의 눈만 그린다면 눈 아래의 오뚝한 코와 부드럽게 빛나는 붉은 입술은 볼 수 없을 테고 당연히 그림에서 깊은 감흥을 느낄 수 없습니다.

따라쓰기도 마찬가지입니다. 소설 전체를 따라 써야 문장의 장단점을 파악해 장점을 극대화하고 단점을 걸어 낼 수 있습니다. 특정 단락의 문장이 뛰어나다고 해도 그것은 어디까지나 완성된 한 편의 작품 속에서 다른 단락들과 조화를 이루어야 더욱 빛나는 것입니다.

Q 따라쓰기를 할 때 소설이 아니라 시를 선택해서 써도 되나요?

A 문학인을 지망하는 사람이 아니고 또 글쓰기 능력이 전반적으로 향상되는 것을 원한다면 시보다는 소설이 더 적절합니다. 시의 경우 소설에서는 잘 쓰지 않거나 허용되지 않는 기발하고 독특한 표현을 사용하는 빈도가 높기 때문입니다.

Q 어떤 분이 이르기를 따라쓰기는 자신의 색깔을 잃을 수 있으니 지양해야 한다고 하는데 이 부분에 대해서 조언을 듣고 싶습니다.

A 뛰어난 문장가들의 문장을 따라쓰다 보면 비슷한 유형의 문장을 자신의 글을 쓸 때에도 쓰게 되는 경우가 생길 수 있습니다. 하지만 그것은 짧은 시기에 불과할 뿐이고 끊임없이 글쓰기 연습과 독서를 병행하면 자신만의 색깔을 찾을 수 있습니다.

Q 따라쓰기를 하면 정말 마음이 가라앉고 힐링이 되나요?

A 컬러링북에 색깔을 채워 나가다 보면 마음이 고요해지고 그것에 더욱 몰입할 수 있게 됩니다. 따라쓰기도 마찬가지입니다. 다만 한 가지 더 좋은 점이 있다면 글쓰기 능력도 향상된다는 것입니다.

Q 작가가 되고 싶은데 어느 정도로 따라쓰기를 해야 할까요? 하루에 얼마나 시간 투자를 하면 되는지 궁금합니다.

A 따라쓰기는 순전히 각자의 역량에 맞춰 할 수 있는 작업입니다. 그러니 너무 지치지 않을 정도로 쓰는 게 좋습니다. 다만 하루도 빠짐없이, 5분이라도 시간을 투자해서 매일 쓰는 것이 좋겠습니다. 이런저런 사정을 핑계로 띄엄띄엄 쓴다면 곧 지루해지고 중간에 포기할 가능성이 높아집니다.

Q 한국 작품이 아니라 외국 작품의 번역물을 선택해도 상관없는 건가요?

A 우리가 외국 작품을 읽을 때 번역본을 읽는 것처럼, 따라쓰기도 원문을 따라쓰기 어렵다면 번역본을 따라쓰는 것도 훌륭한 방법입니다. 다만 여러 개의 번역본을 비교해 보고, 쉽게 읽히거나 문체가 마음에 드는 번역본을 선택하는 것이 좋습니다.

예언자

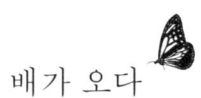

배가 오다

알무스타파, 신의 선택을 입은 자이자 신의 사랑을 받은 자.

시대의 새벽을 알리던 그는 열두 해 동안 오팔리즈에 머물며, 자신을 고향 섬으로 데려다 줄 배를 기다리고 있었다.

어느덧 열두 해가 지나고 수확의 달 이엘룰의 초이렛날이 다가오자, 그는 도시 밖에 있는 언덕으로 올라가 바다를 바라보았다. 기다리던 배가 안개를 헤치며 다가오는 모습이 보였다. 그러자 마음의 문이 활짝 열리고 기쁨은 바다 위로 멀리 날아올랐다. 그는 눈을 감고 영혼의 침묵 속에서 기도를 올렸다.

그러나 언덕을 내려오자 문득 슬픔이 밀려왔고, 그는 마음속으로 생각했다.

내 어찌 슬픔 없이 편안하게 떠날 수 있단 말인가.

아니다, 영혼에 상처를 입은 채 나는 이 도시를 떠나야 하리라. 도시 안에서 긴긴날 고통에 몸부림쳤으며 긴긴밤 고독에 사무쳤으니, 그 누가 이 고통과 고독의 세월을 후회 없이 흘려보낼 수 있겠는가.

거리거리마다 영혼의 조각들을 흩뿌렸고, 언덕 곳곳을 맨발로 돌아다니며 내 자식 같은 간절한 바람을 무수히 퍼트려 놓았다. 그런데 내 어찌 마음의 짐과 고통 없이 이들을 떠나겠는가.

오늘 이날은 훌훌 벗어 버릴 수 있는 옷이 아니라, 내 손으로 벗겨 내야 할 살갗이다. 쉬이 남기고 갈 찰나의 생각이 아니라, 허기와 갈증에 젖어 있는 심장과 같아라.

그래도 더는 지체할 수 없다. 만물을 품 안으로 불러들이는 바다가 나를 부르니 이제는 배에 오를 수밖에.

시간이 밤새도록 불타오른다 하여도, 머문다는 것은 단단히 얼어 굳어 버리는 것이자, 틀에 갇히는 것이라.

이곳에 남긴 것을 모두 가져가고픈 마음이 간절하나, 내 어찌 그럴 수 있겠는가. 목소리와 함께, 그 소리에 날개를 달아 주는 혀와 입술까지 데려갈 수는 없는 법.

그저 홀로 하늘로 솟구쳐야 하리라. 독수리가 태양 저편으로 가기 위해서는 둥지를 버리고 홀로 날아올라야 하듯이.

언덕 기슭에 이르렀을 때 그는 다시 한 번 바다 쪽으로 고개를 돌렸다. 배가 항구로 들어오는 모습이 보였다.

뱃머리에는 고향에서 온 선원들이 서 있었다.

그러자 그의 영혼은 선원들을 향해 외쳤다.
태곳적 내 어머니의 아들들이자, 물결을 타고 온 사람들이여.
그대들이 내 꿈속에 몇 번이나 찾아왔던가.
이제 나는 갈 준비가 되었으니 기꺼이 활짝 돛을 펼치고 바람을 기다리네.
이 고요한 공기 속에서 한 번 더 숨을 쉬고, 등 뒤로 한 번 더 사랑스런 눈길을 보내네.
그리고 이제는 그대들, 뱃사람들 속에 섞여 들려 하네.
그리고 그대, 잠들지 않는 어머니여.
강물과 시냇물의 유일한 안식처이자 자유인, 광대한 바다여.
이 시냇물이 한 번 더 굽이치고 숲 속에서 한 번 더 속삭이면 나는 그대에게 가리라.
한없는 바다에 한없는 물방울로.
그가 걸어가자 저 멀리 들판과 포도밭에서 일하던 남녀들이 일손을 멈추고 성문으로 서둘러 가는 모습이 보였다. 그의 이름을 부르며 배가 당도했다는 소식을 이 들판에서 저 들판으로 알리는 소리도 들려왔다.

그때 그는 혼자 중얼거렸다.

이별의 날이 만남의 날이 되어야 하는가.

내 마지막 날의 저녁은 정녕 새날의 새벽이라고 말할 수 있을 것인가. 밭고랑에 쟁기를 내던지고 온 이에게, 포도 짜는 바퀴를 멈추고 온 이에게 나는 무엇을 줄 것인가.

내 가슴이 주렁주렁 열매가 달린 나무가 되어 그 열매를 나누어 줄 수 있을까.

내 소망이 샘처럼 흘러넘쳐 이들의 잔을 채워 줄 수 있을까.

과연 내가 전능하신 분의 손길이 어루만지는 하프이자, 그분의 숨결이 스치는 피리가 될 수 있을까.

침묵을 탐구하는 자로서, 침묵 속에서 어떤 보물을 찾아내어 자신 있게 내놓을 수 있겠는가.

오늘이 수확의 날이라면 나는 어느 잊어버린 계절, 어느 들판에 씨앗을 뿌렸단 말인가.

진정 지금이 나의 등불을 높이 들 시간이라면, 그 속에 불타는 것은 나의 불꽃이 아니다. 내가 든 등불은 공허하고 어두우니, 밤의 수호자가 그 안에 기름을 채우고 불을 켜야 하네.

그는 이 말들을 입 밖으로 내뱉었으나, 아직 가슴속에는 말하지 못

한 것이 더욱 많았다. 아주 깊은 곳에 숨겨 놓은 비밀은 제 스스로 말할 수 없었기 때문이다.

그가 도시 안으로 들어가자, 모든 이가 그를 만나러 와서 한목소리로 외쳤다. 도시의 원로들도 앞으로 나와 말했다.

아직 우리를 떠나지 마십시오. 그대는 우리의 황혼 속에서 한낮의 빛이었으며, 그대의 젊음은 우리를 꿈꾸게 했습니다.

그대는 우리에게 낯선 이도 아니며 어색한 손님도 아니라, 우리의 아들이며 우리가 깊이 사랑하는 분입니다. 그러니 아직은 우리 두 눈이 그대의 얼굴을 그리다 멀게 하지 마시기를.

그러자 남녀 사제들도 그에게 간청했다.

지금 바다의 물결이 우리를 갈라놓지 않았으면 합니다.

그대가 우리와 함께 한 세월이 옛 기억이 되지 않았으면 합니다.

그대는 우리에게 영혼의 존재로 다가왔고, 그대의 그림자는 우리 얼굴에 비치는 빛이었습니다.

우리는 그대를 몹시 사랑했으나, 우리의 사랑은 말로 표현하지 못한 사랑이자, 장막에 가려진 사랑인 것을. 이제 그 사랑이 그대를 부르짖고, 그대 앞에 모습을 드러내려 합니다.

무릇 사랑이란 이별의 순간이 올 때까지 그 깊이를 알지 못하는 것입니다.

다른 사람들도 나와 애원했지만 그는 답하지 않았다.
그저 고개를 숙이고 있을 뿐이었다. 그러나 곁에 있던 이들은 그의 가슴에 눈물이 떨어지는 모습을 보았다.

그리고 그는 사람들과 함께 사원 앞에 있는 드넓은 광장으로 나아갔다. 그때 한 여인이 성스러운 사원에서 걸어 나왔다.
그 이름은 알미트라, 그녀는 선지자였다.
그가 도시에 당도한 첫날에 그를 가장 먼저 찾고 믿어 준 이였기에, 그는 더없이 다정한 눈길로 그녀를 바라보았다.
그녀는 그를 부르며 말했다.
신의 예언자시여, 그대는 기나긴 나날 동안 배를 찾아 먼 거리를 헤매었습니다. 이제 배가 왔으니 그대는 떠나야겠지요.
기억 속에 있는 나라와 간절한 소망이 살아 있는 고향 집을 그대는 사무치게 그리워했습니다.
그러니 우리의 사랑으로는 그대를 잡지 못하며, 우리의 소망으로도 그대를 붙들지 못할 것입니다.

허나 이것만은 그대가 떠나시기 전에 청합니다.

그대의 진리를 우리에게 전해 주십시오.

우리는 그 진리를 아이들에게 전하고 그 아이들은 다음 세대 아이들에게 전할 것이니, 그대의 말씀은 사라지지 않을 것입니다.

그대는 홀로 우리가 보낸 나날을 지켜보았습니다.

그대의 눈은 우리가 잠 속에서 지은 눈물을 보았고, 그대의 귀는 우리의 희미한 웃음을 들었습니다.

그러니 이제 우리의 본모습을 찾아 드러내 주십시오.

삶과 죽음 사이에서 그대가 보았던 모든 것을 알려 주십시오.

이에 그가 대답했다.

오팔리즈 시민들이여, 내가 무슨 말을 전할 수 있겠습니까.

그저 지금 그대들의 영혼 속에 살아 움직이는 것을 말할 수 있을 뿐.

사랑에 대하여

그러자 알미트라가 말했다.
"사랑에 대하여 말씀해 주십시오."

그가 고개를 들어 시민들을 바라보자 정적이 흘렀다.
잠시 후 그가 힘찬 목소리로 말했다.
사랑이 그대들에게 손짓하거든 그를 따르십시오.
그 길이 험난하고 가파르다 하여도.
사랑의 날개가 그대들을 감싸거든 몸을 내맡기십시오.
날개깃 속에 숨겨진 칼이 그대들을 찌른다 하여도.
사랑이 그대들에게 말을 걸거든 그를 믿으십시오.
거센 북풍이 정원을 휩쓸어 버린다 하여도.
그 목소리가 그대들의 꿈을 산산조각낸다 하여도.

사랑은 그대들에게 왕관을 씌우기도 하지만 그대들에게 십자가를 지우기도 합니다.
사랑은 그대들을 성장시키기도 하지만 그대들을 잘라 내기도 합니다.

사랑은 그대들의 머리 위로 올라가 태양 아래 흔들리는 여린 가지를 어루만져 주기도 하지만 그대들의 뿌리로 내려가 땅속에 붙박은 뿌리들을 흔들어 놓기도 합니다.

사랑은 곡식 단처럼 그대들을 거두어들일 것이요,

사랑은 그대들을 타작하여 알몸으로 만들 것이요,

사랑은 그대들을 체로 걸러 갑갑한 껍질을 털어 낼 것이요,

사랑은 그대들을 빻아 하얀 가루로 만들 것이요,

사랑은 그대들을 부드러워질 때까지 치댈 것입니다.

그러고는 그대들을 신성한 불속에 집어넣어, 신의 거룩한 만찬에 성스러운 빵으로 내놓을 것입니다.

사랑은 이 모든 일을 행하여 그대들 속에 있는 비밀을 일깨울 것이며, 그 깨달음은 그대들의 삶에서 한 조각의 심장이 될 것입니다.

허나 그대들이 두려움 때문에 사랑의 평화와 기쁨만을 좇는다면, 차라리 알몸을 가리고 요동치는 사랑의 마당을 지나가는 편이 나을 것입니다.

그리고 계절 없는 세상으로 가서 웃어도 온몸으로 웃지 못하며, 울어도 온 마음으로 울지 못할 것입니다.

사랑은 저 자신 외에는 아무것도 주지 않으며, 사랑은 저 자신 외에

는 아무것도 취하지 않습니다.

사랑은 소유하지 않으며 소유되지도 않습니다.

사랑은 다만 사랑으로 충분하기 때문입니다.

그대들이 사랑에 빠진다면 "신이 내 마음속에 계신다." 하지 말고, "내가 신의 마음속에 있다."라고 말하십시오.

또 그대들 스스로가 사랑이 향할 길을 인도할 수 있다고 생각하지 마십시오.

사랑이 그대들을 가치 있게 여긴다면 저절로 그대들의 길을 인도해 줄 것입니다.

사랑은 그 어떤 소망도 없이 자신을 채우려 할 뿐.

다만 그대들이 사랑에 빠져 소망을 품을 수밖에 없다면 다음의 것들을 소망하십시오.

녹아서 밤새도록 노래하며 흐르는 시냇물이 되기를.

넘치는 다정함으로 인한 고통을 알게 되기를.

스스로 알게 된 사랑으로 상처받고, 즐거운 마음으로 기꺼이 피 흘리기를.

날개 달린 마음으로 새벽에 일어나, 사랑할 날이 하루 더 있다는 것

에 감사하기를.

한낮에 휴식을 취하며 사랑의 황홀함을 되새기기를.

저녁에는 감사하는 마음으로 집에 돌아오기를.

그리고 마음속으로 사랑하는 이를 위해 기도하기를.

그대들의 입술로 찬미의 노래를 부르며 잠들기를.

결혼에 대하여

알미트라가 다시 물었다.
"그러면 스승이시여, 결혼이란 무엇입니까."

그가 대답했다.
그대들 부부는 함께 태어나 평생을 함께 보낼 것입니다.
새하얀 죽음의 날개가 그대들의 세월을 흩어지게 할 때까지 함께할 것입니다.
아아, 그대들은 신의 고요한 기억 속에서도 함께할 것입니다.
그러나 함께하는 순간에도 서로 거리를 두고, 하늘의 바람이 그대 둘 사이에서 춤추게 하십시오.
서로가 서로를 사랑하십시오.
허나 사랑의 서약은 맺지 말기를.
바다가 그대들 영혼의 해안 사이에서 물결치게 하십시오.
서로의 잔을 채우되 한 잔으로 같이 마시지는 마십시오.
서로에게 자신의 빵을 주되 한 덩어리를 같이 먹지는 마십시오.
함께 노래하고 춤추며 기뻐하되 서로에게 혼자만의 시간을 주십시

오. 마치 기타의 줄들이 하나의 음악에 함께 떨릴지라도, 서로서로 떨어져 있는 것처럼.

서로 마음을 주되 서로의 마음을 가지려 하지 마십시오.

생명의 손길만이 그대들의 마음을 소유할 수 있습니다.

함께 서 있되 너무 가까이 서 있지는 마십시오.

사원의 기둥이 서로 떨어져 있듯이, 참나무와 사이프러스 나무도 서로의 그늘 아래서는 자라지 못하는 법입니다.

아이들에 대하여

이번에는 아이를 품에 안은 여인이 말했다.
"아이들에 대하여 말씀해 주십시오."

그가 대답했다.
그대들의 아이들은 그대들의 것이 아닙니다.
아이들은 스스로 삶을 갈구하는 생명의 아들이자 생명의 딸입니다.
아이들은 그대들을 거쳐서 왔으나 그대들에게서 나온 것은 아니며, 비록 그대들과 함께 지낸다 하여도 그대들의 소유물은 아닙니다.
아이들에게 그대들의 사랑을 주되 그대들의 생각까지 주지는 마십시오. 아이들 스스로도 생각할 줄 알기 때문입니다.
아이들의 몸이 머물 집을 주되 영혼이 머물 집은 주지 마십시오. 아이들의 영혼은 그대들이 꿈에서라도 감히 찾을 수 없는 내일의 집에 살기 때문입니다.
아이들과 닮아 가려 애쓰되 아이들에게 그대들을 닮으라고 강요하지 마십시오. 삶이란 뒤로 돌아가는 것도, 어제와 함께 머무르는 것도 아니기 때문입니다.

그대들은 활이며, 그 활에서 아이들은 살아 있는 화살처럼 앞으로 나아갑니다.

궁수이신 그분은 무한히 펼쳐진 길에서 과녁을 겨누십니다. 그리고 전능하신 힘으로 그대들을 당겨 화살이 저 멀리 빠르게 날아가도록 하십니다.

그러니 그분의 손에 당겨지는 것을 기뻐하십시오. 그분이 날아가는 화살을 사랑하듯 튼튼한 활도 사랑하실 것입니다.

주는 것에 대하여

이번에는 부유한 자가 말했다.
"주는 것에 대하여 말씀해 주십시오."

그가 대답했다.
그대들이 가진 물건을 나누어 준다면 그것은 주는 것이 아닙니다. 진실로 그대들 자신을 내줄 때 진정으로 주는 것입니다.
그대들이 가진 물건이란, 내일 필요할까 걱정하는 마음에 그저 붙들어 지키고 있는 것이 아닙니까.
또 내일이란 무엇입니까. 지나치게 조심성 많은 개가 성지로 가는 순례자를 쫓아가다 발자국 없는 모래 속에 뼈다귀를 묻어 버린다면, 그 개에게 내일이 무슨 의미가 있겠습니까.
욕망이 채워지지 않을까 두려워함이란 무엇입니까.
욕망 그 자체가 두려움이 아닙니까.
그대들의 우물이 가득 찼음에도 목마름을 겁낸다면, 그 목마름은 결코 풀 수 없는 것이 아닙니까.
많이 가지고 있어도 조금만 주는 자들이 있습니다.

이들은 인정받고 싶은 마음에 나누어 줍니다. 그 숨은 욕심 때문에 준 선물마저 불결하게 만들어 버리는 것입니다.

반면에 가진 것은 적으나 전부를 내주는 자들이 있습니다. 이들은 삶을 긍정하고 삶의 풍요로움을 믿습니다.

그러니 이들의 샘은 절대 마르지 않을 것입니다.

기쁜 마음으로 주는 자들도 있습니다.

이들은 주는 기쁨을 상으로 압니다.

배 아파하며 주는 자들도 있습니다.

이들은 주는 아픔을 고달픈 세례로 여깁니다.

베풀며 배 아파하지도 않고, 주는 기쁨을 찾지도 않으며, 덕을 행하는 것에 관심을 두지 않는 자들이 있습니다.

이들은 저기 골짜기에서 향기를 내뿜는 상록수와 같습니다. 바로 이런 이들의 손을 통해 신께서 이 땅에 말씀하시고, 이런 이들의 눈을 통해 신께서 이 땅을 향해 미소 지으십니다.

남이 부탁할 때 주는 것은 좋은 일입니다. 허나 남이 부탁하지 않는데도 속마음을 읽어 주는 것은 더욱 좋은 일입니다.

아낌없이 주는 사람은 베푸는 일보다 도움받을 사람을 찾는 일에서 더 큰 기쁨을 발견하는 법입니다.

그대들이 끝까지 움켜쥘 수 있는 것이 과연 있습니까.

그대들이 가진 것은 언젠가 모두 내주어야 합니다.

그러니 지금 주십시오. 그대들 뒤를 이을 아이들에게 주지 말고, 사계절 내내 아낌없이 주십시오.

흔히 그대들은 "주더라도 가치 있는 이에게만 줄 것이오."라고 말합니다.

허나 과수원의 나무들도, 목장의 양 떼들도 그러지 아니합니다. 이들은 붙들고 있는 것이 곧 죽음으로 가는 길임을 알기에 살아 있을 때 베풉니다.

낮과 밤을 누릴 자격이 있는 자라면, 진정 그대들의 전부를 누릴 자격도 있습니다.

생명의 바닷물을 마실 만한 자라면, 그대들의 작은 시냇물로도 잔을 채울 수 있습니다.

그 어떤 상이 받아 주는 마음에 깃든 용기와 믿음보다, 그속에 어려 있는 사랑보다 더 달콤하단 말입니까.

정녕 그대들이 누구기에 남의 가슴을 쥐어뜯고 남의 자존심을 벌거벗기려 합니까. 그렇게 너덜너덜해진 가치를 뻔뻔하게 자랑할 수 있는지 보려고 그러는 것입니까.

먼저 그대들 자신이 줄 자격이 있는지, 줄 만한 그릇이 되는지 돌아보십시오. 진실로 생명에게 줄 수 있는 존재는 생명 그 자체일 뿐. 그대들 스스로를 주는 자로 여길지라도 그대들은 한낱 목격자에 지나지 않습니다.

받는 사람인 그대여.
그대들은 하나같이 받는 사람들입니다.
그러니 감사의 무게를 가늠하여 스스로에게, 또 주는 자에게 멍에를 짊어지게 하지 마십시오.
차라리 받은 선물을 날개 삼아 주는 자와 함께 날아오르십시오.
그대들이 진 빚에 마음을 쓰는 것은, 넉넉한 땅을 어머니로 두고 하늘의 신을 아버지로 둔 사람의 너그러운 마음을 의심하는 것입니다.

먹고 마심에 대하여

이번에는 여관을 꾸리는 노인이 말했다.
"먹고 마심에 대하여 말씀해 주십시오."

그는 대답했다. 그대들이 흙의 향기로만 살아갈 수 있습니까.
식물처럼 빛으로만 숨을 이어 갈 수 있습니까.
결국 그대들은 먹기 위해 무언가를 죽여야 하고, 목마름을 달래기 위해 갓난아이의 어미젖을 빼앗아야 합니다.
그렇다면 그 행위가 예배 의식이 되게 하십시오.
그대들의 식탁을 제단으로 차리고, 숲과 들에서 나오는 맑고 순결한 것들로 채우십시오. 그리고 그대들 안에 자리한 더없이 맑고 순결한 존재를 위해 그것들을 제물로 바치십시오.
짐승을 죽일 때, 마음속으로 이렇게 말을 거십시오.
"그대를 죽인 힘이 나 또한 죽일 것이며, 내 생명을 먹어 치울 것이다. 그대를 내 손안으로 이끈 자연의 섭리가 나 또한 전능하신 분의 손으로 이끌 것이니, 그대 피와 내 피는 그저 천국의 나무를 키우는 영양분에 불과한 것을."

사과를 베어 물 때면 마음속으로 이렇게 말해 주십시오.

"그대의 씨앗은 내 몸 안에 살아 있을 것이며, 그대의 새싹은 내일 내 가슴속에서 꽃을 피울 것이다. 그대의 향기는 나의 숨결이 되어, 사계절을 함께 기쁨으로 맞이하리라."

가을이 되어 포도밭에서 열매를 거두어 즙을 낼 때면 속으로 이렇게 속삭이십시오.

"나는 포도밭과 같아서, 거두어들인 내 열매도 포도즙이 될 것이다. 그리하여 나 또한 새 포도주처럼 영원의 잔에 담길 것이니."

겨울이 되어 포도주를 따를 때면, 한 잔 한 잔이 마음속 노래가 되게 하십시오. 그 노래로 가을날을 추억하고, 포도밭과 포도즙을 내던 기억을 되새기십시오.

일에 대하여

이번에는 농사꾼이 말했다.
"일에 대하여 말씀해 주십시오."

그가 이런 말로 답했다.
그대들은 일을 통해서 땅과 땅의 영혼에 발걸음을 맞출 수 있습니다. 게으름을 피우는 행동은 계절에서 멀어지는 것입니다. 또한 장엄하고도 순순한 복종으로 무한을 향해 나아가는 삶의 행렬에서 벗어나는 것입니다.

그대들은 일할 때 시간의 속삭임을 음악으로 울려 퍼지게 하는 피리가 될 것입니다.
그대들 모두가 한목소리로 조화를 이루어 노래를 부르는데, 누군가 혼자인 채 벙어리 갈대가 되려 하겠습니까.

그대들은 일이란 저주이며 노동은 불운이라는 말을 늘 듣습니다.
허나 그대들에게 말하노니, 그대들은 일함으로써 이 땅의 머나먼

꿈의 한 조각을 이룰 것입니다.

그 꿈은 태초에 태어날 때부터 그대들에게 주어진 몫이었으니, 그대들이 쉬지 않고 일할 때 진정 삶을 사랑하는 것입니다.

더 나아가 일을 통해 삶을 사랑하는 길은 삶의 깊숙한 비밀에 다가가는 것입니다.

만약 그대들이 괴로운 나머지 태어남을 고난이라 부르고 몸으로 살아가는 일이 이마에 적힌 저주라 부른다면, 나는 이렇게 대답하겠습니다.

이마에 흐르는 땀방울만이 그곳에 적힌 저주를 씻어 버릴 수 있다고.

그대들은 삶이 어둠이라고 들었으니, 그대들이 지쳐 있을 때 지친 자가 했던 말을 그대로 되풀이할 수밖에 없습니다.

허나 그대들에게 말하노니, 열망이 없는 한 삶은 진정 어둠에 불과하며, 지식이 없는 한 모든 욕망은 맹목적인 것입니다.

모든 지식은 노동이 없는 한 헛된 것이며, 모든 노동은 사랑이 없는 한 공허한 것입니다.

사랑으로 일할 때 그대들은 스스로를 감싸 안고, 서로가 서로를 감싸 안으며, 신까지 감싸 안을 것입니다.

그렇다면 사랑으로 일한다는 것은 무슨 뜻입니까.

사랑하는 이에게 입힌다는 마음으로, 그대의 가슴속에서 실을 뽑아 옷을 짜는 것입니다.

사랑하는 이에게 살 집을 마련해 준다는 마음으로, 따뜻한 손길로 집을 짓는 것입니다.

사랑하는 이에게 열매를 먹인다는 마음으로, 정성 들여 씨를 뿌리고 그 결실을 기쁜 마음으로 거두어들이는 것입니다.

또 이는 그대들이 만든 사물 하나하나에 영혼의 숨결을 불어넣는 것이자, 축복받으며 죽은 자들이 그대들 주위에 서서 지켜보고 있음을 깨닫는 것입니다.

나는 때때로 그대들이 잠꼬대하듯 말하는 것을 듣습니다.

"대리석을 쪼아 돌 속에서 자기 영혼의 모습을 찾아내는 조각가는 땅을 일구는 농부보다 더 고귀하다. 또한 무지개를 붙들어 인간과 닮은 모습으로 화폭에 담아내는 화가는 우리 발에 맞는 신발을 만드는 장인보다 더 위대하다."

허나 나는 잠에 취하지 않은 채 한낮에 활짝 깬 정신으로 말하겠습니다. 바람은 키 큰 참나무에게 다정하게 속삭이는 것만큼이나 자그

마한 풀잎 하나하나도 똑같은 다정함으로 대합니다.

그리고 그런 바람의 속삭임에 사랑을 담아 다정한 노래로 바꾸는 사람이야말로 진정 위대한 사람입니다.

일이란 우리 눈앞에 모습을 드러낸 사랑입니다.

만일 그대들이 사랑으로 일하지 못하고 미움이 가득한 마음으로 일한다면, 차라리 일손을 놓고 사원의 문 앞에 앉아 기쁘게 일하는 사람의 자선을 구하는 편이 나을 것입니다.

그대들이 무관심한 태도로 빵을 굽는다면, 먹는 이의 허기를 반밖에 채우지 못하는 쓰디쓴 빵을 만들 것입니다.

그대들이 원한을 품고 포도를 으깬다면, 그대들의 원한은 독이 되어 포도주 속으로 스며들 것입니다.

그대들이 천사처럼 노래한다 하여도 사랑하는 마음으로 노래하지 않는다면, 그 노래는 듣는 이의 귀를 멀게 하여 낮의 소리와 밤의 소리를 듣지 못하게 할 것입니다.

기쁨과 슬픔에 대하여

이번에는 여인이 말했다.
"우리에게 기쁨과 슬픔에 대하여 말씀해 주십시오."

그가 대답했다.

그대들의 기쁨은 가면을 벗은 슬픔입니다. 그대들의 웃음이 피어오르는 우물은 때로 그대들의 슬픔으로 가득 차 있습니다.

어찌 그렇지 않을 수 있겠습니까. 슬픔이 그대들 안에 깊이 새겨진다면, 그대들은 그보다 더 큰 기쁨을 맛볼 것입니다.

그대들의 포도주가 담긴 잔은 도공의 가마 속에서 뜨겁게 타올랐던 바로 그 잔이 아닙니까. 그대들의 영혼을 부드럽게 달래는 기타는 칼로 속을 파냈던 바로 그 나무가 아닙니까.

그대들이 기쁠 때 마음속 깊은 곳을 들여다보십시오.

그대들에게 슬픔을 주었던 그것이 지금은 기쁨을 주고 있음을 깨달을 것입니다.

그대들이 슬플 때도 마음속을 들여다보십시오.

진정 그대들은 한때 기쁨이었던 그것으로 지금 눈물을 흘리고 있음

집에 대하여

이번에는 석공이 앞으로 나와 말했다.
"집에 대하여 말씀해 주십시오."

그가 이런 말로 답했다.

그대들이 도시 안에 집을 짓기 전에, 먼저 거친 들판에 자신이 상상한 것들로 나무집을 지으십시오.

그대들이 땅거미 질 무렵 집으로 돌아오듯이, 그대들 안의 방랑자도, 먼 곳에서 홀로 떠도는 나그네도 되돌아올 수 있도록.

그대들의 집은 그대들보다 더 큰 몸입니다.

그것은 태양 아래서 자라고 밤의 침묵 속에 잠들며 꿈을 꿉니다.

그대들의 집은 꿈꾸는 존재가 아닙니까. 그렇게 꿈을 꾸며 도시를 떠나 깊은 수풀이나 언덕 꼭대기로 가지 않습니까.

내가 그대들의 집을 손안에 모아, 씨를 뿌리듯 숲과 초원에 뿌릴 수만 있다면.

골짜기는 그대들이 거니는 거리가 되고, 숲이 우거진 오솔길은 그

대들이 산책하는 골목이 될 것입니다.

또 그대들은 포도밭에서 서로를 찾다가 흙 향기를 옷 속에 품고 돌아올 것입니다.

허나 아직 이런 일은 이루어지지 않았습니다.

그대 조상들은 두려운 마음에 그대들을 너무 가까이 모아 놓았습니다. 이 두려움은 조금 더 오래갈 것이니, 한동안 도시의 성벽은 그대들의 집을 들판에서 떼어 놓을 것입니다.

오팔리즈 시민들이여, 말해 보십시오.
그대들은 그 집에 무엇을 가지고 있습니까.
그대들이 문을 굳게 잠그고서 지키고 있는 것은 무엇입니까.
그대들은 평화를 품고 있습니까.
그대들의 힘을 드러내고픈 고요한 열망을.
그대들은 기억을 간직하고 있습니까.
마음의 꼭대기에 걸친 채 희미하게 빛나고 있는 아치를.
그대들은 아름다움을 지니고 있습니까.
그대들의 마음을 돌과 나무로 만든 지상의 물건 속에서 끌어내어 신성한 산으로 이끌 아름다움을.

말해 보십시오.

그대들의 집에는 이런 것들을 가지고 있습니까.

아니면 그대들은 편안함만을 찾습니까.

편안함을 찾는 욕구는 손님처럼 살금살금 집으로 들어와 주인 행세를 하다가, 결국 그대들을 노예처럼 부릴 것입니다.

그렇습니다. 정녕 그 욕구는 조련사처럼 갈고리와 채찍을 휘두르며 그대들을 더 큰 욕망의 꼭두각시로 만들고야 맙니다.

욕구의 두 손이 보드라운 비단결 같다 하여도, 마음은 냉정한 쇠와 같습니다. 그것은 그대들을 달래 주다가 그대들이 잠든 침대 곁에 서서 육신의 존엄성을 비웃을 뿐입니다.

그대들의 건강한 감각을 조롱하고, 깨지기 쉬운 그릇처럼 다루다가 엉겅퀴 가시 속으로 던져 버립니다.

진실로 편안함에 대한 욕구는 영혼의 열정을 죽이고, 활짝 웃는 얼굴로 장례식에 걸어 들어오는 것입니다.

허나 그대들이 땅에서 뛰노는 아이들이자 잠 속에서도 잠들지 않는 이들이라면, 편안함의 함정에 걸리거나 길들여지지 않을 것입니다.

그대들의 집은 정박하는 닻이 아니라 항해하는 돛대가 될 것입니다. 상처를 덮는 반지르르한 막이 아니라 눈을 지켜 주는 눈꺼풀이 될

것입니다.

그대들은 문으로 들어가기 위해 활짝 편 날개를 접지 않아도 됩니다. 천장에 부딪칠까 머리를 숙일 이유도, 벽이 갑자기 와르르 무너지지 않을까 제대로 숨 쉬지 못할 이유도 없습니다.

그대들은 죽은 자가 산 자를 위해 만든 무덤에 머물지 마십시오. 집이 아무리 웅장하고 호화롭다 하여도, 그대들의 집은 비밀을 간직하는 곳이 되어서도 갈망을 숨기는 곳이 되어서도 안 됩니다.

그대들 안에 있는 무한한 존재는 하늘의 궁전에 머물기 때문입니다. 그곳에서는 아침의 안개는 문으로 여기고, 밤의 노래와 고요는 창문으로 삼습니다.

옷에 대하여

이번에는 베 짜는 직공이 말했다.
"옷에 대하여 말씀해 주십시오."

그가 대답했다.
그대들의 옷은 많은 아름다움을 감추지만, 아름답지 못한 부분은 가려 주지 않습니다.
그대들은 옷으로 자신의 자유를 추구하려 하지만, 결국에는 밧줄과 사슬만 찾을 것입니다.
그대들이 옷차림을 가볍게 하고 살갗을 드러내어 해와 바람을 맞이할 수 있으면 좋으련만. 삶의 숨결은 햇살 아래 있고 삶의 손길은 바람결에 있기 때문입니다.
그대들 가운데 어떤 이는 "우리에게 옷을 짜 입힌 것은 북풍이다."라고 말합니다.
여기에 나는 이렇게 대답하겠습니다.
그렇지요, 북풍이 그랬을 것입니다.
허나 그가 옷을 짠 베틀은 부끄러움이며, 그가 뽑아낸 실은 연약해

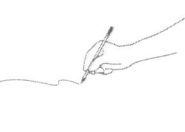

진 힘줄입니다.

그렇게 옷을 만들어 놓고 그는 숲 속에서 조롱의 웃음을 지었을 것입니다. 그러니 그의 겸손함은 깨끗하지 못한 자의 눈을 가리기 위한 방패임을 잊지 마십시오.

깨끗하지 못한 자가 더 이상 없을 때, 그 겸손함은 마음의 족쇄이자 마음을 더럽히는 오물이 아닙니까.

잊지 마십시오.

땅은 그대들의 맨발을 어루만질 때 기뻐하고, 바람은 그대들의 머리카락을 휘날리며 장난치고 싶어 한다는 것을.

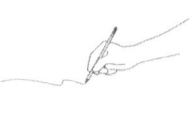

사고파는 일에 대하여

이번에는 상인이 말했다.
"사고파는 일에 대해 말씀해 주십시오."

그가 이런 말로 답했다.
땅은 그대들에게 열매를 아낌없이 내어 줍니다.
허나 그대들이 두 손을 어떻게 채워야 하는지 안다면 그 열매를 무조건 탐하지 마십시오.
땅이 준 선물을 서로 주고받아야 풍요로움과 만족을 얻을 수 있기 때문입니다.
그 주고받음이 사랑과 배려 속에서 공평하게 이루어지지 않는다면 어떤 이는 탐욕에, 어떤 이는 배고픔에 시달릴 것입니다.
바다에서, 들판에서, 포도밭에서 땀 흘리는 노동자들이여.
시장에서 베 짜는 자와 그릇을 빚는 자, 향신료를 모으는 자, 그들을 만나거든 땅의 위대한 영혼이 그대들 안에 임하기를 기도하십시오.
그 영혼이 그대들의 저울과 서로의 값어치를 가늠하는 셈을 성스럽게 해 주기를 기원하십시오.

또한 빈손으로 온 자가 거래에 끼어드는 것을 허락하지 마십시오.

이처럼 그대들의 노동을 말로서 사려는 자들에게 이렇게 말해 주십시오.

"우리와 함께 들판에 갑시다. 아니면 우리 형제들과 함께 바다에서 그물을 던져도 좋습니다. 땅과 바다가 우리에게 그랬듯이 그대들에게도 풍요로움을 베풀 것입니다."

시장에서 노래하고 춤추는 자나 피리를 연주하는 자를 만나거든, 이들이 주는 선물도 사도록 하십시오.

이들 역시 열매와 유향을 모으는 자들이니, 이들이 가져온 것이 비록 꿈으로 만들어졌다 하여도 그대들의 영혼에 옷과 음식이 될 것입니다.

그리고 시장을 떠나기 전에 빈손으로 자리를 뜨는 이가 없는지 살펴보십시오.

이 땅의 위대한 영혼은 그대들 하나하나의 욕구가 다 채워질 때까지, 결코 바람 속에 평화로이 잠들지 않을 것입니다.

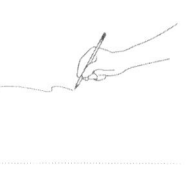

죄와 벌에 대하여

이번에는 도시의 재판관이 나와 말했다.
"죄와 벌에 대하여 말씀해 주십시오."

그가 이런 말로 답했다.
그대들의 영혼이 바람결에 떠돌고 있을 때면, 그대들은 돌봐 주는 이 하나 없이 홀로 서성이다가 남들에게 잘못을 범합니다. 그리고 스스로에게도 잘못을 저지릅니다.

때문에 결국 자신의 잘못으로 축복의 문을 두드리며, 그 문 앞에서 하염없이 기다려야 하는 것입니다.

그대들의 거룩한 자아는 드넓은 바다와 같으니, 영원히 더럽혀지지 않는 것.

그것은 높은 하늘처럼 날개가 있는 것만을 들어 올립니다.

그대들의 거룩한 자아는 태양과도 같으니, 두더지가 다니는 길은 알지 못하며 뱀처럼 구멍을 찾지도 않습니다.

허나 이 거룩한 자아는 그대들 안에 홀로 머무르지 않습니다.

그대들 안의 많은 부분은 여전히 인간의 모습을 하고 있으며, 아직도 많은 부분은 인간이 되지 못하고 있습니다.

그저 보잘것없는 난쟁이처럼 잠 속에서 안개를 헤치고 다니며 스스로 깨어날 때를 기다릴 뿐.

이제 나는 그대들 안에 있는 인간을 말하려 합니다.

죄를 알고 그 죄에 대한 벌을 아는 이는 인간일 뿐, 그대들의 거룩한 자아나, 안개 속을 헤매는 난쟁이는 아니기 때문입니다.

간혹 나는 그대들이 이렇게 말하는 것을 듣습니다.

잘못을 범한 자는 그대들 가운데 한 사람이 아니라, 그대들에게 나타난 이방인이자 그대들 세상에 끼어든 침입자라고.

허나 그대들에게 말하노니, 아무리 의로운 성자라 하여도 그대들 하나하나 안에 있는 고귀한 존재를 뛰어넘을 수 없습니다.

또 아무리 나약한 악인이라 하여도, 그대들 안에 있는 천한 존재보다 더 타락할 수는 없습니다.

잎사귀 하나라도 온 나무에 대한 이해 없이는 노랗게 물들지 못하듯이, 그대들 안에 숨겨진 의지가 없다면 잘못을 행하는 자는 악행을 저지를 수 없습니다.

그대들은 한 행렬을 이루며 그대들 안의 거룩한 자아를 향해 나아가고 있을 뿐.

그대들 가운데 하나가 넘어진다면, 그는 뒤에 오는 이들을 위해 넘어진 것이며, 발부리에 걸리는 돌을 조심하라고 경고한 것입니다.

또 그는 앞서 가는 이들을 위해 넘어진 것입니다.

이들이 자신 있는 걸음으로 빠르게 가느라 발부리에 걸리는 돌을 미처 치우지 못했기 때문입니다.

그러니 그대들의 가슴을 무겁게 짓누를지라도, 다음의 말 또한 가슴에 새기십시오.

살해당한 자는 자신의 죽음에 책임이 없지 않으며, 도둑맞은 자는 도둑당한 것에 잘못이 없지 않습니다.

의로운 자는 악인의 행동에 허물이 없지 않으며, 결백한 자는 죄인의 범죄에 죄가 없지 않습니다.

그렇습니다! 죄인은 때로 상처받는 희생자이며, 사형수도 죄 없는 자와 비난할 것이 없는 자의 짐을 짊어지기도 합니다.

그대들은 정의로운 자와 정의롭지 않은 자를 나눌 수 없으며, 선한 자와 악한 자를 나눌 수 없습니다.

검은 실과 하얀 실이 한데 짜여 있듯이, 그대들은 하나같이 태양의

얼굴 앞에 서 있기 때문입니다.

 검은 실이 끊어진다면, 베 짜는 직공은 옷감 전부를 들여다보아야 하며 베틀 또한 살펴야 합니다.
 그대들 가운데 누가 부정한 아내를 심판하려거든, 남편의 마음 또한 저울에 달고 그 영혼도 자로 재십시오.
 죄인을 채찍질하려거든, 먼저 죄인에게 상처 입은 자의 영혼을 살피십시오.
 그대들 가운데 누군가 정의의 이름으로 벌을 내리고 악의 나무를 도끼로 내리치려거든, 먼저 그 나무의 뿌리를 들여다보십시오.
 진실로 선과 악의 뿌리, 풍요로움과 척박함의 뿌리가 흙의 고요한 가슴속에 한데 뒤섞여 있음을 알 것입니다.

 그렇다면 그대들, 정의로워야 할 재판관들이여.
 육신은 정직하나 도둑의 정신을 가진 자에게 어떤 판결을 내리겠습니까.
 살인자의 육신을 가졌으나 스스로의 영혼은 살해당한 자에게 어떤 처벌을 내리겠습니까.

남을 속이고 억압했으나 마음속에 억울함과 분노를 품은 자에게 어떤 심판을 가하겠습니까.

죄를 저질렀으나 그 죄보다 더 큰 죄책감으로 괴로워하는 자에게 어떤 벌을 주겠습니까.

그 죄책감이란 그대들이 기꺼이 섬기는 법으로 집행한 정의와 같지 않습니까.

허나 그대들은 죄 없는 자에게 죄책감을 심어 줄 수도, 죄 지은 자에게서 죄책감을 덜어 줄 수도 없습니다.

죄책감이란 초대하지 않아도 밤중에 찾아와 사람들을 깨우고 스스로를 들여다보게끔 하기 때문입니다.

그러니 정의를 이해하려는 그대들이여.

모든 행동을 환한 빛에서 살펴보지 않는다면 어찌 정의를 이해할 수 있겠습니까.

그런 후에야 그대들은 깨달을 것입니다.

똑바로 일어선 의인과 타락한 죄인은 그저 한 사람이 난쟁이 자아의 밤과 거룩한 자아의 낮 사이, 어스름한 빛 속에 서 있는 것과 같음을.

또 사원의 주춧돌이 가장 낮은 바닥에 놓은 돌보다 결코 높지 않다는 것을.

법에 대하여

이번에는 법률가가 말했다.

"그렇다면 스승이시여, 우리네 법은 어떻습니까."

그가 대답했다.

그대들은 법을 만드는 것에서 기쁨을 느끼며, 법을 깨부수는 것에서는 더 큰 기쁨을 얻습니다. 마치 바닷가에서 노는 아이가 끊임없이 모래성을 쌓다가 허물며 웃는 것처럼.

허나 그대들이 모래성을 쌓는 동안에도 바다는 더 많은 모래를 해변에 가져다 놓습니다. 또한 그대들이 모래성을 허물 때, 바다는 그대들에게 미소를 지을 것입니다.

진정 바다는 순진무구한 자에게는 언제나 미소를 짓습니다.

허나 삶이 바다를 닮지 않는 자에게, 사람이 만든 법도 모래성과 같지 않은 자에게 법이란 무엇입니까.

삶을 바위처럼 여기며, 법을 그 바위에 자신과 닮은 형상을 새기는 끌로 여기는 자는 어떻습니까.

춤추는 자를 시기하는 절름발이는 어떻습니까.

자신의 멍에는 사랑하면서, 숲 속의 사슴과 순록들은 길을 잃었거나 그저 떠도는 무리로 여기는 황소는 어떻습니까.

자신의 허물은 벗지 못하면서 남 보고는 벌거벗고 부끄럼도 모른다고 하는 늙은 뱀은 어떻습니까.

혼인 잔치에 일찍 나타나 잔뜩 먹고 지칠 때까지 놀고 난 뒤, 돌아가면서 모든 잔치는 법을 위반하는 것이며 잔치 손님들은 모두 범법자라고 하는 자는 어떻습니까.

이들에게 내가 무슨 말을 하겠습니까.

그저 이들도 햇빛 아래 서 있기는 하지만 태양을 등지고 있다고 말할 수밖에요. 이들은 자기 그림자만 보고, 그 그림자를 자신의 법으로 삼을 뿐입니다.

그렇다면 이들에게 태양은 무엇이겠습니까.

다만 그림자를 던져 주는 존재일 뿐.

법을 인정한다는 것은 무엇이겠습니까.

몸을 구부려 땅에 드리운 그림자를 좇는 일일 뿐.

허나 태양을 향해 걸어가는 그대들이여.

땅에 드리운 어떤 형상이 그대들을 붙잡을 수 있습니까.

바람 따라 여행하는 그대들이여.

그 어떤 풍향계가 그대들의 길을 안내해 줄 수 있습니까.

그대들이 인간의 감옥 문이 아니라 자신들이 짊어진 멍에를 부수는 것이라면, 어떤 법이 그대들을 묶을 수 있습니까.

그대들이 인간의 쇠사슬에도 아랑곳하지 않고 춤춘다면, 어떤 법이 그대들을 두렵게 하겠습니까.

그대들이 자신들의 옷을 찢고도 인간의 길에서 벗어나지 않는다면, 그 누가 그대들을 심판할 수 있겠습니까.

오팔리즈 시민들이여.

그대들은 능히 북소리를 약하게 할 수도, 수금의 줄을 느슨하게 할 수도 있습니다. 허나 그 누가 저 종달새에게 노래를 그치라고 명할 수 있겠습니까.

자유에 대하여

이번에는 웅변가가 말했다.
"자유에 대해서 말씀해 주십시오."

그가 대답했다.
나는 성문 앞에서, 집 안 난롯가에서 그대들이 엎드려 자유를 비는 모습을 보았습니다.
마치 노예들이 죽음을 당할지라도 폭군 앞에서 스스로 머리를 조아리고, 입이 마르도록 찬양하는 것과 같더이다.
그렇습니다. 나는 사원 숲 속에서, 때로는 성채의 그늘 아래에서, 그대들 가운데 더없이 자유로운 자가 자신의 자유를 굴레와 쇠고랑처럼 둘러쓰고 있는 모습을 보았습니다.
그때 내 가슴속에서 피가 흘렀습니다.
그대들이 자유를 구하는 욕망조차 구속이라 여길 때, 자유를 하나의 목적이자 완수할 임무라 더 이상 말하지 않을 때, 비로소 자유로울 것이기 때문입니다.
그대들은 진정 자유로울 것입니다.

근심 없이 낮을 보내며, 그 어떤 바람이나 슬픔 없이 밤을 보낸다면, 그리고 이 모두가 그대들의 삶을 옭아맬지라도 훌훌 털고 자유의 몸으로 일어선다면.

또 그대들이 한낮의 시간에 채워 두었던 사슬을, 깨달음의 새벽에 끊어 내지 않는다면, 어찌 그대들의 낮과 밤을 넘어설 수 있겠습니까.
정녕 그대들이 자유라고 부르는 것은 그 많은 사슬 중에서도 가장 강력한 것입니다. 설령 그 고리가 햇빛에 반짝반짝 빛나 그대들의 눈을 홀린다 하여도.

그대들이 자유롭기 위해 버리는 것은 그대들 스스로의 파편일 뿐입니다. 그대들이 내버리려는 것이 옳지 못한 법이라면, 그 법은 그대들 손으로 직접 그대들의 이마에 적은 것입니다.
그대들이 아무리 법전을 불살라도, 재판관의 이마를 씻고 바닷물을 들이부어도, 그 흔적은 지울 수 없을 것입니다.
그대들이 몰아내려는 것이 폭군이라면, 먼저 그대들 안에 세운 폭군의 왕좌가 무너졌는지 살피십시오.
만일 자유롭고 당당한 자들이 자신의 자유에 한 점의 포악함도 없으며, 자신의 당당함에 한 점의 부끄러움도 없다면, 폭군이 어찌 이들

을 다스릴 수 있겠습니까.

그대들이 벗어 버리려는 것이 근심이라면, 그 근심은 그대들에게 떠맡겨진 것이 아니라 그대들 스스로 선택한 것입니다.

그대들이 떨쳐 버리려는 것이 공포라면, 그 공포는 두려워하는 자의 손아귀에 있는 것이 아니라 그대들 마음속에 자리 잡고 있습니다.

진실로 만물이 그대들 안에 반쯤 뒤엉켜 있으니 그대들이 욕망하는 것과 두려워하는 것, 혐오하는 것, 아끼는 것, 추구하는 것, 달아나려 하는 것은 끊임없이 움직이고 있습니다.

그대들 안에서 움직이는 이것들은 마치 한 쌍의 빛과 그림자처럼 서로 달라붙어 꿈틀거립니다.

그러니 그림자가 사라져 더 이상 보이지 않을 때, 남은 빛이 또 다른 빛의 그림자가 되는 것입니다. 마찬가지로 그대들의 자유도 족쇄에서 벗어날 때, 더 큰 자유의 족쇄가 될 것입니다.

이성과 열정에 대하여

이번에는 여자 사제가 다시 말했다.
"이성과 열정에 대해서 말씀해 주십시오."

그가 이런 말로 답했다.
그대들의 영혼은 때로 이성과 판단력이 열정과 욕망에 맞서 싸우는 전쟁터입니다.

만일 내가 그대들 영혼의 중재자가 될 수 있다면, 그대들 안에서 일어나는 다툼과 경쟁을 하나의 노래로 뒤바꿀 수 있으련만.

허나 그대들 스스로 중재자가 되지 않는다면, 아니 그대들 안에 존재하는 모든 것을 사랑하지 않는다면, 내가 어찌 그럴 수 있겠습니까.

그대들의 이성과 열정은 바다를 항해하는 영혼의 방향타와 돛입니다. 방향타나 돛이 부러진다면, 그대들은 내던져진 채 떠돌거나 바다 한가운데 꼼짝없이 멈춰 있어야 할 것입니다.

왜냐하면 이성은 홀로 다스리기에는 한계가 있는 힘이며, 열정은 주의를 기울이지 않으면 스스로를 불살라 파괴하는 불꽃이기 때문입니다.

그러니 그대들의 영혼으로 하여금 이성을 열정의 높이까지 날아오르게 하십시오. 그리고 열정을 이성의 힘으로 이끌게 하십시오. 마치 불사조가 스스로를 불사른 잿더미 속에서 다시 일어나는 것처럼 그대들의 열정이 날마다 되살아날 수 있도록.

내 그대들에게 바라노니, 판단력과 욕망을 집에 초대한 소중한 손님처럼 여기십시오.

마땅히 그대들은 한 손님을 다른 손님보다 더 귀하게 대접해서는 안 될 것입니다.

한 손님에만 신경을 쓰다 보면 두 손님의 사랑과 믿음을 모두 잃을 것이기 때문입니다.

그대들이 언덕 위 하얀 버드나무의 시원한 그늘 아래 앉아, 멀리 있는 들판과 초원의 평화로움과 고요함을 맛볼 때면, 마음속으로 조용히 말하십시오.

"신께서 이성 안에 머무르고 계신다."

허나 폭풍이 몰려오고 거센 바람이 숲을 흔들며 천둥 번개가 하늘의 장엄함을 외칠 때면, 두려운 마음으로 말하십시오.

"신께서 열정으로 움직이신다."

그러면 그대들은 신의 세계에서 한 숨결이며, 신의 숲 속에서 한 이

파리이니, 신과 마찬가지로 이성 안에 머무르며 열정으로 움직이게 될 것입니다.

고통에 대하여

이번에는 여인이 말했다.
"고통에 대하여 말씀해 주십시오."

그가 대답했다.
그대들의 고통이란 깨달음을 둘러싸고 있는 껍질이 부서지는 것과 같습니다.
과일의 씨가 햇빛을 보려면 부서져야 하듯이, 그대들도 고통을 맛보아야 합니다.
그대들이 경이에 찬 눈으로 날마다 일어나는 삶의 기적을 본다면, 고통도 기쁨 못지않게 경이로운 마음으로 받아들이게 될 것입니다.
그대들이 들판 위로 지나가는 계절을 견디었듯이, 그대들 마음속에 지나가는 계절도 견딜 것입니다.
그러면 슬픔의 겨울도 고요한 마음으로 바라보게 될 것입니다.

그대들 고통의 대부분은 스스로 택한 것입니다.
그대들 안의 의사가 아픈 자아를 치유하기 위해 지어 준 쓴 약입니

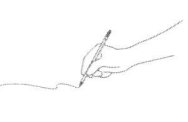

다. 허니 의사를 믿고, 그가 준 약을 묵묵히 침착하게 받아 마십시오.

그의 손이 아무리 무겁고 거칠다 하여도, 그 손은 보이지 않는 그분의 손길이 인도한 것입니다.

그가 내준 잔이 아무리 그대들 입술을 불타게 하여도, 그 잔은 도공이 자신의 성스러운 눈물로 적시고 흙으로 빚은 것입니다.

자아를 아는 것에 대하여

이번에는 남자가 말했다.
"자아를 아는 것이란 무엇인지 말씀해 주십시오."

그가 이런 말로 답했다.
그대들의 마음은 무언중에 낮과 밤의 비밀을 알고 있습니다.
허나 그대들의 귀는 마음속의 지혜를 소리로 듣고자 합니다.
그대들은 이미 생각으로 아는 것을 말로 이해하려 합니다.
그대들은 꿈의 벌거벗은 몸을 손가락으로 만지려 합니다.

또 그대들은 마땅히 그리해야 합니다.
그대들 영혼 속에 숨어 있는 샘물은 반드시 솟아올라 바다로 졸졸 흘러야 하며, 그대들 안의 무한히 깊은 곳에 있는 보물은 그대들 눈앞에 모습을 드러내야 합니다.
허나 그대들은 그 미지의 보물을 저울에 달려 하지 마십시오. 그대들 지식의 깊이도 지팡이나 줄로 헤아리려 하지 마십시오. 자아란 헤아릴 수 없는 드넓은 바다이기 때문입니다.

"진실을 다 찾았다." 하지 말고, "겨우 한 조각의 진실을 찾았다."라고 하십시오.

"영혼의 길을 찾았다." 하지 말고, "내 길에서 걷고 있는 영혼을 만났다."라고 하십시오.

영혼은 세상의 모든 길을 걷기 때문입니다.

영혼은 한길만 따라 걷는 것도, 갈대처럼 무성히 자라나는 것도 아닙니다. 수많은 꽃잎이 달린 연꽃처럼 스스로 펼쳐 보이는 것입니다.

가르치는 것에 대하여

이번에는 교사가 말했다.
"가르치는 것이란 무엇인지 말씀해 주십시오."

그가 대답했다.
그 누구도 그대들에게 속 시원히 알려 줄 수 없습니다.
그저 그대들 스스로가 깨달음의 새벽에 반쯤 잠들어 있는 것을 귀띔해 줄 수 있을 뿐.
제자들에게 둘러싸여 사원의 그늘 아래를 거니는 선생이라 하여도, 자신의 지혜를 나눠 줄 수 없는 법입니다.
비록 자신의 믿음과 사랑을 베풀 수는 있어도.
그가 진실로 현명하다면, 그대들에게 자기가 지은 지혜의 집으로 들어오라고 강요하지 않을 것입니다.
차라리 그대들 스스로 마음속의 문지방을 넘도록 이끌 것입니다.
천문학자가 우주에 대한 깨달음을 말해 준다 하여도, 자신에 대한 깨달음을 나누어 주지는 못합니다.
음악가가 온 우주의 리듬을 노래로 부른다 하여도, 그 리듬을 듣는

귀도, 그것을 울려 퍼지게 하는 목소리도 나누어 주지는 못합니다.

숫자의 과학을 꿰뚫고 있는 자가 무게나 단위의 세계를 말해 준다 하여도, 그곳으로 그대들을 데려가 주지는 못합니다.

한 사람이 가진 상상의 날개를 다른 이에게 빌려 줄 수 없기 때문입니다.

그대들 각자가 스스로의 힘으로 신을 깨닫고 있듯이, 그대들은 따로따로 신을 깨닫고 따로따로 이 땅을 이해해야 합니다.

우정에 대하여

이번에는 젊은이가 말했다.
"우정에 대하여 말씀해 주십시오."

그가 이런 말로 답했다.
친구는 그대들의 소망을 채워 주는 존재입니다.
그는 그대들이 사랑으로 씨를 뿌려 추수 감사절에 거두어들이는 들판입니다. 그는 그대들의 식탁이자 그대들의 따뜻한 집이지요. 그대들은 배고플 때 그를 찾고, 그에게서 평화를 얻기 때문입니다.

그가 속마음을 털어놓을 때 그대들은 진심으로 "아니다."라고 말하는 것을 두려워하지 말며, "그렇다."라는 말도 억누르지 마십시오.
그가 침묵할 때에도 그대들의 마음은 그의 마음에 계속 귀 기울이도록 하십시오.
말이 없어도 우정 안에서는 모든 생각과 모든 욕망, 모든 기대를 기쁜 마음으로 품고 나누는 것입니다.
그와 헤어질 때에도 부디 슬퍼하지 마십시오.

산을 오르는 자에게는 산이 평지보다 또렷이 보이듯이, 친구의 가장 좋은 점은 그가 곁에 없을 때 또렷이 드러나기 때문입니다.

우정을 나눌 때에는 영혼을 깊이 하는 것 외에 다른 목적은 두지 마십시오.
자신의 신비를 드러내는 것 외에 다른 무엇을 찾는 사랑은 사랑이 아니라, 함부로 내던진 그물에 불과합니다.
그 그물에는 쓸데없는 것만 걸릴 뿐.

그러니 그대들은 친구를 위해 최선을 다하십시오.
그가 그대들의 물결이 빠져나가는 때를 알고 있다면, 그대들의 물결이 흘러넘치는 때도 알려 주십시오.
시간을 적당히 때우기 위해 친구를 찾는다면 그 친구가 무슨 소용이 있겠습니까.
언제나 시간을 활기차게 보내기 위해 친구를 찾으십시오.
친구는 그대들의 공허함을 채우는 존재가 아니라, 그대들의 부족함을 채우기 위한 존재가 되어야 합니다.
그러니 기쁨을 함께 나누면서 우정의 따스함 속에 웃음이 깃들도록 하십시오.

마음은 하찮은 이슬 한 방울에서도 아침을 발견하고 생기를 되찾기 때문입니다.

말하는 것에 대하여

이번에는 학자가 말했다.

"말하는 것에 대하여 말씀해 주십시오."

그가 이런 말로 답했다.

그대들은 가만히 생각하지 못할 때 말을 합니다.

그리고 마음의 고독을 더 이상 견디지 못할 때 입을 엽니다. 그때 말소리는 기분 전환이자 소일거리에 불과합니다.

말이 많아지면 생각의 반은 죽게 됩니다.

생각이란 하늘을 나는 새와 같아서, 말의 감옥 속에서 날개를 펼 수 있을지 몰라도 날아오르지는 못하기 때문입니다.

그대들 가운데 어떤 이는 홀로 있기가 두려워 수다스러운 이야기꾼을 찾습니다. 이들은 고독한 침묵이 벌거벗은 몸뚱이를 드러내면 도망치려는 것입니다.

어떤 이는 자신이 이해하지 못하는 진실을 아무 지식 없이 닥치는 대로 떠듭니다. 어떤 이는 자신 속에 진실을 간직하고 있으면서도 입 밖으로 내뱉지 않습니다.

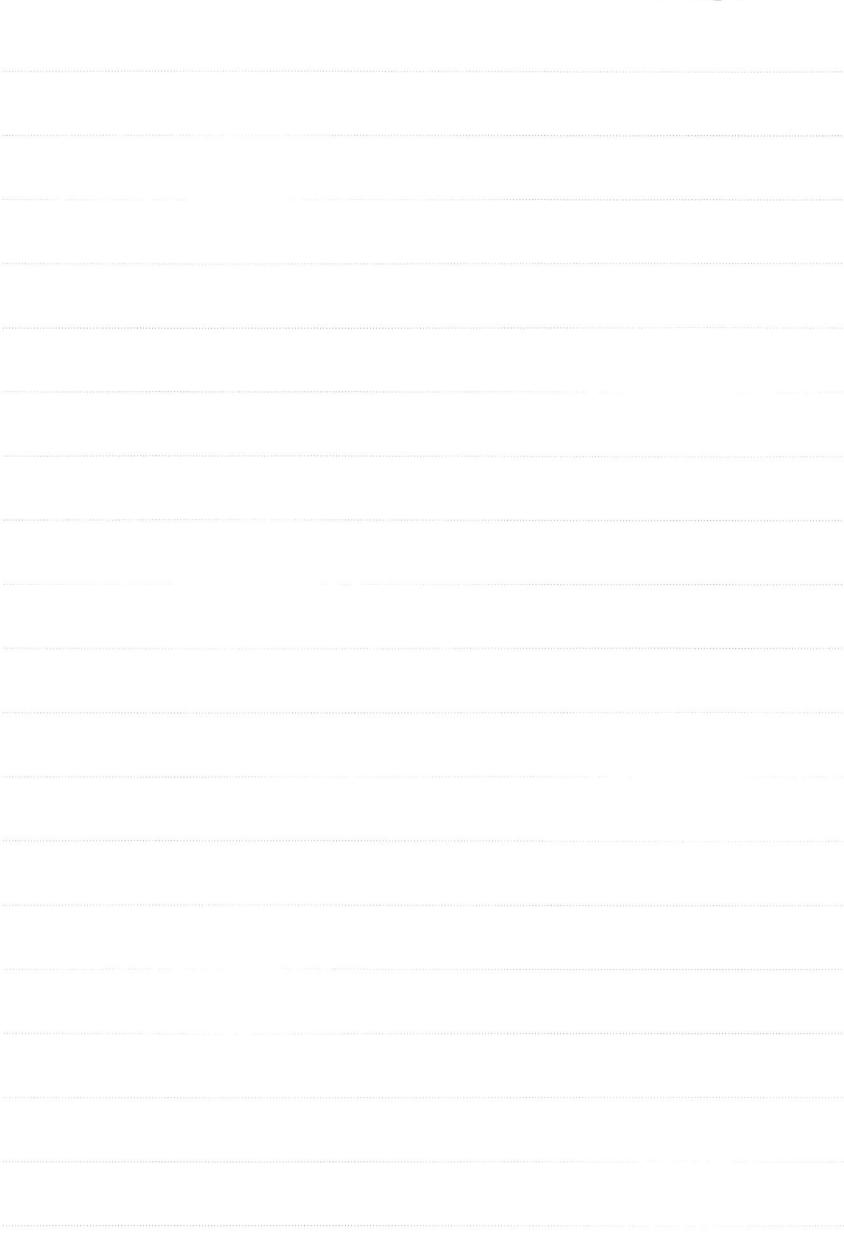

이런 이들의 가슴에서 영혼은 살아 움직이는 침묵 속에 머물고 있습니다.

그대들이 길거리에서나 시장에서 친구를 만나거든, 그대들 안의 영혼이 입술을 움직이고 혀를 굴리게 하십시오.

그대들 내면의 목소리가 그의 내면의 귀에 속삭이도록 하십시오. 그의 영혼은 그대들 마음의 진실을 영원히 간직할 것입니다.

마치 포도주의 빛깔은 지워지고 포도주를 담은 잔이 더 이상 기억되지 않는다 하여도, 그 맛은 절대 잊지 못하는 것처럼.

시간에 대하여

이번에는 천문학자가 물었다.
"스승이시여, 시간이란 무엇입니까?"

그가 대답했다.
그대들은 헤아릴 수 없는 무한한 시간을 감히 헤아리려 합니다.
시간과 계절의 변화에 따라 그대들의 행동을 맞추고, 그대들의 영혼이 갈 길마저 정하려 합니다. 시간을 강물로 만들고, 바로 위 강둑에 앉아 그 물이 흐르는 모습을 보려는 것입니다.

그대들 안에서 시간을 초월한 존재는 삶이 시간을 넘어서는 것임을 압니다.
어제는 오늘의 기억일 뿐이며, 내일은 오늘의 꿈이라는 것도 압니다.
또 그대들 안에서 노래하고 명상하는 존재는 별들이 우주 공간에 흩뿌려지던 첫 순간, 그 속에 여전히 머물고 있습니다.

그대들 가운데 누가 그분의 사랑하는 힘이 한없는 것임을 느끼지

못하겠습니까.

그 누가 그 사랑은 한이 없지만 그분이라는 존재의 핵심에 둘러싸여 이 사랑의 생각에서 저 사랑의 생각으로, 이 사랑의 행동에서 저 사랑의 행동으로 움직이지 못하는 것임을 느끼지 못하겠습니까.

사랑이 그러하듯이, 시간도 나누어지지 않으며, 일정한 속도로도 가지 않는 법입니다.

허나 그대들 생각으로 시간을 헤아려 계절을 나눠야 한다면, 계절 하나하나 속에 다른 모든 계절이 깃들도록 하십시오.

그래서 오늘이 과거를 기억으로 감싸 안도록, 미래를 갈망으로 감싸 안도록 하십시오.

선과 악에 대하여

이번에는 도시의 원로들 가운데 한 명이 말했다.
"선와 악에 대하여 말씀해 주십시오."

그가 대답했다.
나는 그대들 안에 있는 선을 말할 수 있을 뿐 악은 말할 수 없습니다. 악이란 바로 스스로의 굶주림과 목마름으로 괴로워하는 선이 아니겠습니까.

진정 선이 굶주리고 있다면 어두운 동굴에서라도 먹을 것을 찾고, 선이 목마르다면 썩은 물이라도 들이킬 것입니다.

그대들은 그대들 자신과 하나일 때 선합니다.
허나 그대들 자신과 하나이지 못한다 하더라도 그대들이 악한 것은 아닙니다. 갈라진 집은 그저 갈라진 집일 뿐 도둑의 소굴이 아닙니다. 방향타 없는 배가 섬들 사이를 정처 없이 위태위태하게 떠돈다고 해서 바다 밑으로 가라앉지는 않습니다.

그대들은 스스로를 내주려 애쓸 때 선합니다.

허나 스스로의 이익을 탐한다고 해서 악한 것은 아닙니다.

이익을 좇는 그대들은 다만 땅에 달라붙어 그 젖가슴을 빨아먹는 뿌리에 불과하기 때문입니다.

정녕 열매가 뿌리에게 이렇게 말하지는 않을 것입니다.

"나를 닮아 탐스럽게 익어 넉넉함을 내어 주는 이가 되어라."

그대들은 활짝 깬 정신으로 말할 때 선합니다.

허나 그대들의 혀가 잠에 취해 목적 없이 비틀거린다고 해서 악한 것은 아닙니다.

더듬거리는 말이라도 약한 혀를 튼튼하게 할 수는 있습니다.

그대들은 목적지를 향해 굳세고 당당한 발걸음으로 나아갈 때 선합니다. 허나 절뚝거리며 걸어간다고 해서 악한 것은 아닙니다. 절뚝거리는 사람이라도 뒤로 가지는 않습니다.

허나 튼튼하고 재빠른 그대들이여, 생각해 보십시오.

그대들은 절름발이 앞에서 절뚝거리지 않고는 그것을 친절로 여기지 않습니까.

그대들은 무수한 면에서 선하지만, 선하지 않을 때라도 악한 것은 아닙니다. 다만 그대들은 빈둥거리는 게으름뱅이에 불과할 뿐. 가엾게도 수사슴이 거북이에게 빨리 가는 법을 가르치지는 못하는 법입니다.

선이란 위대한 자아를 갈망하는 마음에 있습니다.
또 그 갈망은 모두 그대들 안에 있는 것.
그대들 가운데 어떤 이에게 갈망은 바다로 힘껏 돌진하는 거센 물결이어서, 산비탈의 비밀과 숲의 노래를 싣고 흘러갑니다.
또 어떤 이에게 갈망은 구불구불 흐르는 약한 물줄기여서, 힘없이 흘러가다가 바닷가에 채 닿지도 못하고 머뭇거립니다.
허나 갈망이 큰 이는 갈망이 적은 이에게 "그대는 무엇 때문에 망설이며 더디게 가는가?"라고 다그치지 마십시오.
진실로 선한 이라면 헐벗은 이에게 "그대 옷은 어디 있는가?"라고 묻지 않을 것이며, 집이 없는 이에게 "그대 집에 안 좋은 일이 생겼는가?"라고 묻지도 않습니다.

기도에 대하여

이번에는 여사제가 말했다.
"기도에 대하여 말씀해 주십시오."

그가 이런 말로 답했다.
그대들은 괴로울 때나 소원이 있을 때 기도합니다.
허나 기쁨으로 충만할 때나 넉넉한 나날을 누릴 때도 기도하도록 하십시오.
기도란 그대들의 자아를 생동하는 하늘 속에 활짝 펼치는 것이 아닙니까.

그대들은 어둠을 허공에 쏟기 위해 위안의 기도를 올립니다. 그와 마찬가지로 가슴속 새벽빛을 쏟아 내기 위해 기쁨의 기도를 올리십시오.
그대들이 영혼의 명으로 기도할 때 하염없이 울 수밖에 없다면, 그 영혼은 그대들의 눈물을 쥐어 짜내고 또 짜내어 결국 그대들을 웃게 할 것입니다.
기도할 때 그대들은 공중으로 솟아올라 때마침 기도하고 있는 이들

을 만날 것입니다. 기도가 아니라면 만날 수 없는 이들을.

그러니 그대들이 보이지 않는 사원을 찾는다면, 황홀한 마음으로 달콤한 만남을 마음껏 누리십시오.

그대들이 그저 구하기 위해 사원에 들어간다 할지라도, 아무것도 얻지 못할 것입니다.

그대들이 스스로를 낮추기 위해 사원에 들어간다 할지라도, 일으켜 세움을 받지 못할 것입니다.

그대들이 다른 이의 행복을 기도하기 위해 사원에 들어간다 할지라도, 그 기도는 어떤 답도 받지 못할 것입니다.

그대들이 보이지 않는 사원에 들어간 것만으로도 족한 것입니다.

나는 그대들에게 어떤 말로 기도할지 가르쳐 줄 수 없습니다.

신께서는 그대들의 입술로 말씀하실 뿐, 그대들의 말은 듣지 않으시기 때문입니다.

내가 그대들에게 산과 숲과 바다의 기도를 가르쳐 줄 수도 없습니다.

허나 그대들은 산과 숲과 바다에서 태어났으니 이들의 기도를 가슴 속에서 찾을 것입니다.

또 그대들이 밤의 고요에 온전히 귀 기울이기만 한다면, 이들이 이렇게 가만히 속삭이는 소리를 들을 것입니다.

"우리의 신이시여, 날개 달린 우리의 자아여. 우리 안에 돋아난 뜻은 곧 당신의 뜻입니다. 우리 안에 돋아난 소망은 곧 당신의 소망입니다. 우리 안에 숨 쉬는 당신의 욕망은, 당신 것인 우리의 밤을, 역시 당신 것인 우리의 낮으로 바꾸어 놓습니다.

우리는 당신에게 아무것도 구할 수 없습니다. 당신은 우리 안에서 욕구가 생기기도 전에 이미 다 아시기 때문입니다. 당신이 곧 우리가 채우려는 욕구입니다. 당신 스스로 더욱 주심으로써 만물을 우리에게 주셨습니다."

즐거움에 대하여

이번에는 해마다 한 번씩 도시를 찾는 은자가 나와 말했다.
"즐거움에 대하여 말씀해 주십시오."

그가 이런 말로 답했다.
즐거움은 자유의 노래, 허나 자유는 아닙니다.
즐거움은 그대들의 소망이 꽃을 피운 것, 허나 소망이 맺은 열매는 아닙니다.
즐거움은 높은 산꼭대기를 향해 외치는 깊은 골짜기, 허나 높은 것도 깊은 것도 아닙니다.
즐거움은 날개가 있으나 갇혀 있는 것, 허나 사방이 막혀 있는 공간은 아닙니다.
그렇습니다.
진실로 즐거움은 자유의 노래인 것입니다.
그러니 나는 기꺼이 그대들이 마음을 다해 그 노래를 불렀으면 합니다. 허나 노래를 부르다가 그대들의 마음까지 잃어버리지는 마십시오.

그대들 가운데 어떤 이는 즐거움이 전부인 것처럼 추구하다가 비판을 받고 질책을 받습니다.

허나 나는 이들을 비판하거나 질책하지 않겠습니다.

오히려 즐거움을 추구하도록 이들을 격려하겠습니다.

이들이 즐거움을 찾더라도 즐거움 하나만을 얻지는 않을 것이기 때문입니다.

즐거움은 일곱 자매를 두었는데, 그중 가장 어린 자매도 즐거움보다는 아름답습니다.

정녕 그대들은 듣지 못했습니까.

뿌리를 캐다가 땅속에서 보물을 발견한 사람의 이야기를.

그대 노인들 가운데 어떤 이는 즐거움을 술에 취해 저지른 잘못처럼 후회로 되새깁니다.

허나 후회는 마음의 벌이 아니라 마음을 어둡게 할 뿐.

이들은 즐거움을 여름날의 수확처럼 감사하는 마음으로 되새겨야 합니다.

그래도 후회가 이들에게 위안을 준다면, 이들은 그렇게 위안받아야겠지요.

그대들 중에는 즐거움을 좇을 만큼 젊지 않으나 즐거움을 되새길 만큼 늙지도 않은 이가 있습니다.

이들은 즐거움을 좇는 것이든 되새기는 것이든 모든 즐거움을 피합니다. 즐거움으로 인하여 영혼을 돌보지 않고 해치지는 않을까 두려운 마음에서입니다.

허나 계속 피하더라도 즐거움과 맞닥뜨릴 수밖에 없습니다. 떨리는 손으로 뿌리를 캐다가 결국 보물을 찾는 것입니다.

그러니 말해 보십시오.
영혼을 해칠 수 있는 자는 과연 누구입니까.
꾀꼬리가 밤의 고요를 해할 수 있겠습니까.
개똥벌레가 밤하늘 별들을 해할 수 있겠습니까.
그대들의 불꽃이, 그대들의 연기가 바람에 짐이 될 수 있겠습니까.
생각해 보십시오.
그대들은 영혼을 지팡이로 어지럽힐 수 있는 한낱 고요한 연못으로 여깁니까.

때로 그대들은 스스로 즐거움을 거부하면서도 그대들 존재 한구석에 소망을 묻어 둡니다.

허나 그 누가 알겠습니까.

오늘 흘러버린 그것이 내일을 기약하고 있을지를.

그대들의 몸조차도 자신이 물려받은 유산과 정당한 요구를 알고 있으니, 절대 속지 않을 것입니다.

그대들의 몸은 그대들 영혼의 하프.

그 하프에서 감미로운 음악을 뽑아낼지 혼탁한 소리를 낼지는 그대들에게 달려 있습니다.

그런데 지금 그대들은 마음속으로 이렇게 묻고 있습니다.

"즐거움 속에서 선한 것과 선하지 않은 것을 어찌 구분해야 하는가."

그대들의 들판과 정원에 가십시오.

그러면 꽃에서 꿀을 모으는 것이 벌의 즐거움이며, 벌에게 꿀을 내주는 것 또한 꽃의 즐거움임을 깨달을 것입니다.

벌에게 꽃은 생명의 샘이며, 꽃에게 벌은 사랑의 전령이기 때문입니다.

그러니 벌에게나 꽃에게나 즐거움을 주고받는 것은 하나의 욕구이자 하나의 환희인 것입니다.

오팔리즈 시민들이여.

그대들도 꽃과 벌처럼 즐거움을 누리십시오.

아름다움에 대하여

이번에는 시인이 말했다.
"아름다움에 대하여 말씀해 주십시오."

그가 대답했다.
그대들이 어디에서 아름다움을 구하며, 어떻게 아름다움을 찾겠습니까. 아름다움이 스스로 그대들의 갈 길이 되고 그대들의 안내자가 되어 주지 않는다면.
그대들이 어떻게 아름다움에 대해 논할 수 있겠습니까.
아름다움이 그대들의 말을 엮어 주지 않는다면.

마음을 다친 이나 몸을 상한 이가 말하기를, "아름다움은 친절하고 온화한 것. 마치 젊은 어머니처럼 자신이 누리는 영광에 얼굴을 살짝 붉히며 우리 사이를 거닐고 있다."
열정적인 이가 말하기를, "아니다. 아름다움은 힘 있고 두려운 것. 마치 폭풍처럼 우리 발밑의 땅과 우리 머리 위의 하늘을 뒤흔든다."

지치고 피곤한 이가 말하기를, "아름다움은 부드러운 속삭임이자, 우리 영혼에게 말을 거는 것. 마치 희미한 빛이 그림자를 두려워하며 떨듯이, 그 목소리는 우리의 침묵에 몸을 내맡긴다."

침착하지 못한 이가 말하기를, "우리는 아름다움이 산속에서 고함치는 소리를 들었다. 그와 함께 달리는 말발굽 소리와 날개가 펄럭이는 소리, 사자가 으르렁거리는 소리도 들려왔다."

밤이면 도시를 지키는 파수꾼이 말하기를, "아름다움은 새벽빛과 함께 동쪽에서 떠오르는 것."

낮이면 열심히 일하는 노동자와 떠도는 나그네가 말하기를, "우리는 해질 녘 창가에서 아름다움이 땅에 몸을 기대는 모습을 보았다."

겨울이면 눈 속에 갇히는 이가 말하기를, "아름다움은 봄에 찾아와 저 언덕 위로 뛰어오를 것이다."

여름이면 뜨거운 볕 아래 수확하는 이가 말하기를, "우리는 아름다움이 가을 낙엽과 함께 춤추는 모습을 보았다. 그 머리카락 사이로 눈이 휘날리는 모습도."

이 모두가 아름다움을 이야기한 것입니다.

허나 진정 그대들이 이야기한 것은 아름다움이 아니라 채우지 못한 욕구일 뿐입니다.

무릇 아름다움이란 욕구가 아니라 황홀한 기쁨입니다.

그것은 목마른 입도, 앞으로 내민 빈손도 아닙니다.

오히려 불타는 가슴이자 마법에 걸린 영혼인 것입니다.

아름다움은 그대들이 보았던 영상도, 즐겨 듣던 노래도 아닙니다. 오히려 눈을 감아도 보이는 영상이자, 귀를 막아도 들리는 노래인 것입니다.

아름다움은 주름진 나무껍질 안에 흐르는 수액도, 발톱에 붙은 날개도 아닙니다. 오히려 늘 꽃이 피어 있는 정원이자, 늘 날고 있는 천사의 무리인 것입니다.

오팔리즈 시민들이여.

아름다움이란 생명, 즉 생명이 그 거룩한 얼굴에 드리운 장막을 걷어 낸 모습입니다.

허나 그대들이 그 생명이자 장막이기도 합니다.

아름다움이란 거울 속 제 자신을 들여다보고 있는 영원.

허나 그대들이 이 영원이자 거울이기도 합니다.

종교에 대하여

이번에는 나이 든 사제가 말했다.
"종교에 대하여 말씀해 주십시오."

그가 대답했다.

오늘 내가 말한 것이 종교가 아니고 무엇이겠습니까.

종교란 모든 행위이자 모든 생각이 아닙니까.

행동도 생각도 아니라면, 종교는 그대들의 손이 돌을 자르거나 베틀을 만지는 순간에도 영혼에서 늘 솟아나는 경탄이자 놀라움이 아닙니까.

그 누가 행동과 믿음을 나누고, 직업과 신념을 나눌 수 있겠습니까.

그 누가 감히 제 시간을 자신의 눈앞에 펼쳐 놓고 이렇게 말할 수 있겠습니까.

"이 시간은 신의 것이며 이 시간은 나의 것. 이 시간은 내 영혼의 것이니 이 시간은 내 몸의 것이 아니겠는가."

그대들의 시간이란 모두 허공을 가르며 이 자아에서 저 자아로 날아가는 날개일 뿐.

자신의 도덕을 보기 좋은 옷으로만 걸치려는 자는 차라리 벌거벗은 편이 나을 것입니다.

그렇다고 해서 바람이나 태양이 그의 살갗에 구멍을 내지는 않을 것이니.

자신의 행동에 윤리의 잣대를 들이미는 자는 노래하는 새를 새장에 가두는 것입니다.

무릇 자유로운 노래는 창살이나 철조망 사이로는 아니 나오는 법입니다.

열리자마자 곧바로 닫히는 창문처럼 예배를 올리는 이는 영혼의 집을 아직 찾지 못한 사람입니다.

이 새벽에서 저 새벽까지 창이 이어지는 그 집을.

그대들의 일상이야말로 그대들의 사원이자 종교입니다.

그러니 그 속에 들어갈 때마다 그대들 전부를 가지고 들어가십시오. 쟁기와 풀무, 망치, 기타도.

필요에 의해 만든 것도, 기쁨을 얻기 위해 만든 것도.

아무리 상상을 하더라도 그대들은 자신이 이룬 결과보다 더 높이 오를 수도, 자신이 경험한 실패보다 더 낮은 곳으로 내려갈 수도 없기

때문입니다.

또 모든 이와 함께 가십시오. 아무리 찬미를 아끼지 않더라도 그대들은 이들의 희망보다 더 높이 날아오를 수도, 이들의 절망보다 스스로를 더 낮출 수도 없기 때문입니다.

그대들이 신에 대해 알고자 한다면, 수수께끼를 풀려고 하지 마십시오. 차라리 자신을 돌아보십시오. 그때야 비로소 그분이 그대 아이들과 함께 노는 모습을 볼 것입니다.

그리고 하늘을 바라보십시오. 그분이 구름 속을 거닐며 번개로 팔을 뻗은 후에 비와 함께 내려오시는 모습을 볼 것입니다.

그대들은 그분이 꽃 속에서 미소 지으시다가, 높이 솟아올라 나무 사이에서 손을 흔드시는 모습을 볼 것입니다.

죽음에 대하여

이번에는 알미트라가 말했다.
"이제 죽음이 무엇인지 묻고자 합니다."

그가 대답했다.

그대들은 죽음의 비밀을 알고 싶어 합니다.

허나 삶의 마음속에서 죽음을 구하지 않는다면 그 비밀을 어찌 찾을 수 있겠습니까.

밤 안에 갇혀 있는 올빼미는 낮에는 눈이 멀어 빛의 신비를 밝힐 수 없지 않습니까.

정녕 그대들이 죽음의 영혼을 볼 수 있다면, 삶의 몸을 향해서도 마음을 활짝 여십시오.

강과 바다가 하나인 것처럼 삶과 죽음 또한 하나이기 때문입니다.

그대들의 희망과 소망이 깊이 자리한 곳에는 저 너머 세상에 대한 깨달음도 가만히 누워 있습니다.

그대들의 마음은 눈 속에서 꿈꾸는 씨앗처럼 봄을 꿈꿉니다.

그러니 꿈을 믿으십시오.

꿈속에 영원으로 가는 문이 숨어 있으니.

죽음에 대한 두려움이란 그저 양치기가 영광스러운 손길을 기다리며 왕 앞에 설 때의 떨림에 불과합니다.

양치기는 왕의 은총을 입게 되었으니 떨리는 와중에도 어찌 기쁘지 않겠습니까.

허니 떨리는 감각에 더더욱 신경이 쓰일 수밖에요.

죽는다는 것은 무엇입니까.

그저 바람 속에 벌거벗고 서 있는 것이자, 태양 아래 몸을 녹이는 것일 뿐.

숨이 멈춘다는 것은 무엇입니까.

그저 끊임없이 흐르는 물결에서 벗어나 숨이 자유로워지는 것이자, 날아오르고 부풀어 올라 아무런 장애물 없이 신을 찾아가는 것일 뿐.

그대들은 침묵의 강물을 마신 후에야 진정한 노래를 부를 것입니다. 산꼭대기에 이른 후에야 비로소 올라가기 시작할 것입니다. 그대들의 팔다리가 땅의 것이 된 후에야 진실로 춤추게 될 것입니다.

작별

이윽고 저녁이 되었다.

그러자 선지자 알미트라가 말했다.

"오늘 이 자리에 축복이 있기를. 지금껏 말씀하신 그대의 영혼에도 축복이 깃들기를."

이에 그가 대답했다.

"내가 과연 말하는 자였습니까. 나 또한 여러분과 함께 듣는 자가 아니었나요."

그리고 그가 사원의 계단을 내려가자 모든 이가 그를 따라갔다. 배에 당도한 그는 갑판 위에 올라섰다.

그러고는 다시 사람들을 향해 소리 높여 외쳤다.

오팔리즈 시민들이여.

바람이 나더러 그대들을 떠나라고 재촉합니다.

나는 바람만큼 급할 것은 없으나 이제는 가야만 합니다.

우리 나그네들은 늘 외로운 길을 찾아 떠나기에, 하루를 마친 곳에서 새날을 맞지 않습니다.

저녁 빛은 우리를 떠나보낸 곳에서 아침 빛을 맞게 하지 않습니다. 땅이 잠들어 있을 때에도 우리는 길을 떠납니다.

우리는 생명력이 강한 씨앗이니, 우리 가슴이 무르익고 그윽해질 때면 바람에 몸을 맡겨 흩어질 것입니다.

내가 그대들과 보낸 나날은 짧았으며, 내가 한 말은 더더욱 짧았습니다.

허나 내 목소리가 그대들 귓가에서 희미해지고 내 사랑이 그대들 기억 속에서 사라지게 되면, 그때 나는 다시 올 것입니다.

그리고 더욱 넉넉한 가슴으로, 영혼을 가득 채워 주는 입술로 말할 것입니다.

그렇고말고요.

나는 물결을 타고 돌아오겠습니다.

비록 죽음이 나를 가리고 거대한 침묵이 나를 감싸 안더라도, 그대들을 다시 일깨우려 애쓰겠습니다.

그리고 그런 노력은 헛되지 않을 것입니다.

내가 무엇을 말하든 그것이 진실이라면, 그 진실은 더욱 또렷한 목소리로, 그대들 생각에 더욱 가까운 언어로 제 모습을 드러낼 것이기 때문입니다.

오팔리즈 시민들이여.

나는 바람과 함께 가지만 허공으로 떨어지는 것은 아닙니다.

혹여 오늘 그대들 욕구와 내 사랑이 채워지지 않더라도, 또 다른 날을 기약하도록 합시다.

인간의 욕구는 변하는 법이지만, 사랑과 깊은 소망은 변하지 않으니 사랑이 우리의 욕구를 채워 줄 것입니다.

그러니 기억해 두십시오.

내가 저 깊은 침묵에서 돌아오리라는 것을.

안개는 새벽에 이리저리 떠돌다가 들판에 이슬로 남을 뿐이지만, 결국 날아올라 구름이 되어 비로 내릴 것입니다.

나 또한 이 안개와 다름이 없습니다.

밤의 고요 속에서 나는 그대들의 거리를 거닐었고, 내 영혼은 그대들의 집을 찾았습니다.

그대들의 심장이 내 심장 속에서 뛰었고, 그대들의 숨결이 내 얼굴에 와 닿았으니, 나는 그대들을 다 압니다.

아아, 나는 그대들의 기쁨과 고통을 알고 있으며, 그대들의 잠 속에서 그대들의 꿈은 곧 내 꿈이었습니다.

때로 나는 산속에 있는 호수처럼 그대들 속에 있었습니다.

그대들 속에 자리한 산꼭대기와 구부러진 산비탈을 비추었고, 때 지어 지나가는 그대들의 생각과 소망까지 비추었습니다.

가만히 있으면 그대 아이들의 웃음소리가 시냇물처럼 밀려왔고 그대 젊은이들의 갈망이 강물처럼 밀려왔습니다.

그것들이 내 안 깊은 곳에 닿았을 때도 시냇물과 강물은 노래를 멈추지 않았습니다.

오히려 웃음소리보다 더욱 달콤한 것이, 열망보다 더욱 뜨거운 것이 나를 덮쳤습니다.

그것은 그대들 안에 무한히 존재해 왔습니다.

거대한 인간인 그분 안에서 그대들은 한낱 세포이자 힘줄이며, 그분 안에서 그대들의 모든 노랫소리는 한낱 소리 없는 두근거림입니다.

그대들은 이 거대한 인간 속에서 거대해집니다.

그러니 나는 그분을 들여다봄으로써 그대들을 보고 또 사랑하게 되었습니다.

그렇지 않다면 이 광대한 영역에도 없는 사랑이 그렇게 멀리까지 가닿을 수 있겠습니까. 그 어떤 환상, 그 어떤 기대, 그 어떤 추측이 저 비행보다 높이 날아오를 수 있겠습니까.

사과 꽃에 뒤덮인 키 큰 참나무처럼 그대들 안에는 거대한 인간이

있습니다.

그의 힘이 그대들을 이 땅에 묶고, 그의 향기가 그대들을 우주로 들어 올립니다.

그의 질긴 생명력 속에서 그대들은 결코 죽지 않을 것입니다.

그대들은 이 말을 들었을 것입니다.

그대들이 쇠사슬이라 하여도 약한 쇠사슬이며, 그중에서도 가장 연약한 고리라는 것을. 허나 이것은 절반만이 진실입니다.

그대들은 강한 쇠사슬이기도 하며 그중에서도 가장 강건한 고리이기도 합니다. 하찮은 행위로 그대 자신을 재단하는 것은 덧없는 거품으로 바다의 힘을 헤아리는 것과 같습니다.

그대가 저지른 실패로 그대 자신을 판단하는 것은 쉬이 변한다고 계절을 헐뜯는 것이나 마찬가지입니다.

그렇습니다.

그대들은 드넓은 바다와 같습니다.

무거운 짐을 가득 실은 배가 바닷가에서 물때를 기다릴지라도, 그대들이 바다처럼 물때를 서두를 수는 없습니다.

그대들은 계절과도 같습니다.

그대들이 겨울 안에서 봄을 밀어낼지라도, 봄은 그대들 속에 누워

나른히 미소 지으며 화내지도 않을 것입니다.

허나 내가 이 말을 했다고 해서, 그대들이 서로 "그분께서는 우리를 칭찬해 주시며, 우리의 좋은 면만 보신다."라는 말을 해도 좋다 생각하지는 마십시오.

그저 나는 그대들 스스로가 생각으로 아는 바를 말로 한 것뿐이니. 말로 아는 지식이란 말 없는 지식의 그림자에 불과한 것이 아닙니까.

그대들 생각과 내 말은 봉인된 기억에서 물결치는 파도입니다. 그 기억에는 우리 지난날이 기록되어 있습니다.

이 땅이 우리뿐만 아니라 스스로를 몰랐던 옛날도, 땅이 혼돈으로 어지러웠던 시절의 밤도 기록되어 있습니다.

현명한 이라면 그대들에게 지혜를 나누어 주기 위해 왔겠지만, 나는 그대들의 지혜를 빼앗으려 왔습니다.

그런데 보십시오. 내가 더 큰 것을 찾지 않았습니까.

그것은 그대들 안에서 점점 모여 불타오르는 영혼의 불꽃입니다.

허나 그대들은 그 불꽃을 활활 지피는 것에는 관심이 없고 그대들의 나날이 시들어 가는 것만을 슬퍼하고 있습니다.

이는 생명이 무덤을 두려워하는 몸속에 갇혀 생명을 찾아다니는 것이나 마찬가지입니다.

허나 여기에 무덤은 없습니다.

이 산맥과 초원은 요람이자 디딤돌일 뿐입니다. 그대 조상들이 누워 있는 들판을 지날 때마다, 그대들은 스스로의 모습을 볼 것이며 그대 아이들이 손잡고 춤추는 모습을 볼 것입니다.

정녕 그대들은 알지 못하면서도 기뻐할 때가 많습니다.

다른 이라면 그대들에게 찾아와 부와 힘, 영광만을 주겠다고 황금빛 약속을 했을 것입니다.

내가 그보다 보잘것없는 약속을 주었음에도 불구하고, 그대들은 내게 더 큰 넉넉함을 베풀었습니다.

그대들이 내게 준 것은 생명에 대한 깊은 목마름이었습니다.

진정 인간에게 이보다 더 큰 선물은 없으니.

이처럼 모든 목적을 타오르는 입술로, 모든 생명을 솟아오르는 샘으로 뒤바꾸는 것보다 더 값진 선물은 없으니.

그 속에 내 영광과 보상이 존재합니다.

내가 목을 축이러 샘을 찾을 때마다 살아 있는 샘물 자체가 목마름이 됩니다. 그러니 내가 샘물을 마시면 샘물도 나를 마셔 버리더이다.

그대들 가운데 어떤 이는 내가 오만하거나 지나치게 수줍어 선물을

아니 받는다고 생각합니다.

 허나 내가 일한 대가를 받을 때 자존심을 내세울지는 몰라도 선물을 받을 때는 그렇지 않습니다.

 참으로 내가 그대들의 식탁에 초대받았을 때 산에서 산딸기를 따 먹었고, 그대들이 잠자리를 내어 준다 했을 때 사원 문간에서 잠들기는 했습니다.

 그래도 내 낮과 밤을 생각해 주는 그대들의 다정한 배려가 없었다면, 내 어찌 달콤한 음식을 입으로 맛보고 상상 속에서 단잠을 청할 수 있었겠습니까.

 그러니 나는 그대들을 한없이 축복합니다.

 그대들은 많은 것을 베풀었으나 그대들이 무엇을 베풀었는지 전혀 모릅니다.

 진실로 거울 속 제 모습만 들여다보는 친절은 돌이 되어 버릴 것이며, 자신의 이름을 드높이기 위한 선행은 저주를 낳는 부모가 될 것입니다.

 그대들 가운데 어떤 이는 나를 초연한 사람이라 부릅니다.

 또한 내가 나만의 고독에 취해 있다 하며 이렇게 말합니다.

 "그는 숲 속 나무와는 어울려도 인간들과는 어울리지 않아. 그저 산 꼭대기에 홀로 앉아 우리 도시를 내려다볼 뿐이지."

참으로 나는 산을 올랐고 먼 곳을 돌아다녔습니다.

허나 내가 높은 곳에 오르지 않거나 먼 거리를 다니지 않았다면 그대들을 어찌 볼 수 있었겠습니까.

사람이 멀리 서 보지도 않고 어찌 진정 가까워질 수 있겠습니까.

그런데도 그대들 가운데 어떤 이는 아무 말 없이 나를 찾아와서는 말합니다.

"낯선 분이시여, 낯선 분이시여. 닿을 수 없는 곳을 사랑하시는 분이시여, 어찌하여 그대는 독수리가 둥지를 트는 산꼭대기에서 살고 계십니까. 어찌하여 이룰 수 없는 것을 찾으십니까. 그 어떤 폭풍을 그대의 그물 안에 가두려 하며, 그 어떤 덧없는 새를 하늘에서 잡으려 합니까. 이리 와서 우리와 함께 살아갑시다. 내려가서 그대의 배고픔을 우리의 빵으로 채우고 그대의 목마름을 우리의 포도주로 달랩시다."

이들은 영혼의 고독으로 인해 이런 말을 합니다.

허나 그 고독이 더욱 깊어진다면 이들은 알게 될 것입니다.

나는 그대들의 기쁨과 고통의 비밀을 좇고 있었을 뿐이며, 하늘을 거니는 그대들의 더 큰 자아를 사냥하고 있었을 뿐임을.

허나 사냥꾼은 사냥을 당하는 자이기도 하니, 내 활을 떠난 무수한 화살들이 내 가슴을 좇아 왔습니다.

날아가는 자는 기어가는 자이기도 하니, 내가 태양 아래 두 날개를

펼쳤을 때 땅에 비친 그 그림자는 거북의 모습이었습니다.

믿는 자는 의심하는 자이기도 하니, 나는 그대들에게 보다 큰 믿음을 심어 주고 보다 큰 지식을 얻기 위해 내 상처에 스스로 손가락을 넣어야 할 때가 많았습니다.

이렇게 얻은 믿음과 지식으로 내 말하노니, 그대들은 그대들 몸 안에 갇힌 것도, 집이나 들판에 갇힌 것도 아닙니다.

바로 그대들이라는 존재는 산 위에 살며 바람 따라 방랑하는 것입니다.

그것은 따뜻함을 찾아 햇볕 속으로 기어들지도, 안전함을 찾아 어두운 구멍을 파지도 않습니다.

자유로운 존재이자 땅을 감싸고 하늘을 누비는 영혼인 것입니다.

이런 말이 모호하게 다가올지라도 그 뜻을 또렷하게 밝히려고 애쓰지는 마십시오.

만물의 시작은 모호하고 흐릿한 것이나, 그 끝 또한 그런 것은 아닙니다.

그러니 그대들이 나를 시작으로 기억해 주기를 바랍니다.

생명, 그리고 살아 있는 모든 것이란 딱딱한 결정체가 아니라, 안개

속에서 태어나는 것입니다.

  허나 결정체도 희미해져 가는 안개에 불과할 수 있음을 그 누가 알겠습니까.
  그대들이 나를 추억하며 이것만은 기억하기를 바랍니다.
  그대들 안에서 가장 연약하고 갈팡질팡하는 것은 사실 가장 튼튼하고 굳센 존재임을.
  그대들의 뼈대를 일으켜 세우고 단단하게 하는 것은 그대들의 숨결이 아니겠습니까.
  또 그대들의 도시를 세우고 그 안에 모든 건물을 짓는 것은 그대들 가운데 그 누구도 기억하지 못하는 꿈이 아닙니까.
  그대들이 드나드는 숨결을 볼 수만 있다면 다른 모든 것은 보지 않을 것이며, 꿈의 속삭임을 들을 수 있다면 다른 소리는 듣지 않을 것입니다.

  허나 그대들은 보지도, 듣지도 못할 것입니다.
  또 그것은 당연합니다. 그대들의 눈을 가린 장막은 장막을 짠 손이 거두어야 할 것이며, 그대들의 귀를 막은 흙은 그 흙을 반죽한 손가락이 뚫어야 할 것입니다. 그러면 그제야 그대들은 보고 듣게 될 것입니다.

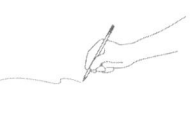

그러나 그대들은 눈이 멀었다는 것을 슬퍼하지도, 귀가 멀었다는 것을 슬퍼하지 않겠지요. 허나 만물의 숨은 목적을 깨닫는 그날이 오면, 그대들은 빛을 축복하듯 어둠도 축복할 것입니다.

이 말을 한 후에 그는 주위를 둘러보았다.
그가 탈 배의 선장이 방향타 옆에 서서 가득 부푼 돛을 보다가 저 먼 곳을 바라보는 모습이 눈에 들어왔다.

그래서 그가 말했다.
배의 선장이여, 참고 또 참았구려.
바람은 불고 돛은 쉴 새 없이 펄럭입니다.
방향타도 명령을 기다리고 있습니다.
그런데도 선장은 내가 침묵하기를 묵묵히 기다리고 있었습니다. 드넓은 바다의 합창을 들은 선원들도 내 말을 끈기 있게 듣고 있었습니다.
이제 이들도 더 이상 기다리지 못하리니.
이제 나도 준비가 되었습니다.
강물이 바다에 이르렀으니, 위대한 어머니는 아들을 품 안에 다시 한 번 안을 것입니다.

잘 계시오, 오팔리즈 시민들이여.

작별의 날이 지나갔습니다.

마치 수련이 내일을 위해 지듯이 오늘은 우리를 위해 저물었습니다. 우리는 여기에서 우리에게 주어진 것을 간직할 것입니다.

그것이 충분하지 않다면, 우리는 다시 모여 주시는 이에게 함께 두 손을 내밀어야 할 것입니다.

잊지 마십시오.

나는 다시 돌아올 것입니다.

잠시만 있으면 내 갈망이 티끌과 거품으로 쌓여 또 다른 몸을 이룰 것입니다.

잠시만 있으면 바람결에 한숨을 돌리다가 또 다른 여인이 나를 낳을 것입니다.

그대들이여, 안녕히. 내 그대들과 보냈던 젊음도 안녕히.

우리가 꿈속에서 만났던 것도 다 어제의 일.

내가 홀로 있을 때 그대들이 노래를 불러 주었고, 그대들의 갈망으로 나는 하늘에 탑 하나를 세웠습니다.

허나 이제 우리의 잠은 달아났고 우리의 꿈은 흩어졌으니, 더 이상의 새벽은 없습니다.

한낮이 다가와 우리의 희미한 정신을 활짝 깨웠으니, 이제 우리는 헤어져야 합니다.

혹여 기억의 어스름 속에서 우리가 다시 한 번 만날 수 있다면, 우리 다시 함께 이야기를 나누고 그대들은 나에게 보다 그윽한 노래를 불러야 할 것입니다.

혹여 우리의 손이 또 다른 꿈속에서 맞닿는다면, 우리는 하늘에 또 다른 탑을 세워야 할 것입니다.

그는 이런 말을 하면서 뱃사람들에게 신호를 보냈다.

그들이 즉시 닻을 올리고 매어 둔 밧줄을 풀자 배는 동쪽으로 나아가기 시작했다.

그때 울음소리가 한 사람의 가슴에서 나오듯이 사람들 사이에서 터져 나왔다. 땅거미에서 떠오른 그 소리는 거대한 나팔 소리처럼 바다 위로 울려 퍼졌다.

다만 알미트라만이 가만히 서서 배가 안개 속으로 사라질 때까지 지켜보고 있었다.

사람들이 모두 흩어진 후에도 그녀는 홀로 방파제 위에 서서 그의 말을 가슴속에 되새기고 있었다.

"잠시만 있으면 바람결에 한숨을 돌리다가 또 다른 여인이 나를 낳을 것입니다."

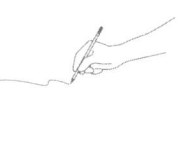

World Classic writing book 04

필사의 힘

칼릴 지브란처럼 【예언자 따라쓰기】

초판 1쇄 펴낸 날 2015년 11월 20일
초판 2쇄 펴낸 날 2021년 6월 1일

엮 은 이   칼릴 지브란
펴 낸 이   장영재
펴 낸 곳   (주)미르북컴퍼니
자 회 사   (주)미르북컴퍼니
전   화   02)3141-4421
팩   스   0505-333-4428
등   록   2012년 3월 16일(제313-2012-81호)
주   소   서울시 마포구 성미산로32길 12, 2층 (우 03983)
E - mail   sanhonjinju@naver.com
카   페   cafe.naver.com/mirbookcompany

* (주)미르북컴퍼니는 독자 여러분의 의견에 항상 귀 기울이고 있습니다.
* 파본은 책을 구입하신 서점에서 교환해 드립니다.
* 책값은 뒤표지에 있습니다.